湖北省公益学术著作
Hubei Special Funds 出版专项资金
for Academic and Public-interest
Publications

湖北省公益学术著作出版专项资金资助项目

智 能 制 造 技 术 丛 书

汽车非线性动力学及其控制

宋作军 著

武汉理工大学出版社
·武 汉·

图书在版编目(CIP)数据

汽车非线性动力学及其控制/宋作军著. —武汉:武汉理工大学出版社,2024.1
ISBN 978-7-5629-6982-2

Ⅰ.①汽… Ⅱ.①宋… Ⅲ.①汽车动力学—研究 Ⅳ.①U461.1

中国国家版本馆 CIP 数据核字(2023)第 237174 号

项目负责人:王兆国 **责任编辑**:王兆国
责任校对:雷红娟 **版面设计**:正风图文
出版发行:武汉理工大学出版社(武汉市洪山区珞狮路 122 号 邮编:430070)
http://www.wutp.com.cn
经销者:各地新华书店
印刷者:武汉市洪林印务有限公司
开本:787×1092 1/16
印张:8.75
字数:224 千字
版次:2024 年 1 月第 1 版
印次:2024 年 1 月第 1 次印刷
定价:58.00 元

前　　言

汽车工业是涉及众多工业和技术的综合性行业，在国家经济发展中具有支柱性作用。进入21世纪以来，中国汽车工业快速稳步发展。自2015年，我国乘用车年产销量一直在2000万辆以上。近几年，我国新能源汽车发展迅猛。2023年1～10月，我国新能源汽车销量突破700万辆，新能源新车达到汽车新车30%左右。同时，我国汽车出口增势迅猛，2022年我国汽车出口总量突破300万辆，2023年我国汽车出口总量极可能突破500万辆。

恰逢百年未有之大变局，汽车产业面临减碳、能源形势变革、智能化变革三重挑战，在电动化和智能化方面，中国汽车产业展现出了自己的优势。

评定汽车的性能指标主要有：动力性、燃油经济性、制动性、操控稳定性、平顺性以及通过性等，都与汽车动力学密切相关。动力学以牛顿运动定律为基础，研究作用于物体的力与物体运动的关系，是许多工程学科的基础。随着科学技术的发展，线性化方法已不能满足实践要求，非线性动力学由此产生。通常很难直接求出非线性动力学问题的解析解，因此，分析非线性动力学问题解的行为（尤其是长时期行为）成为研究非线性动力学问题的一种必然手段。

本书以汽车动力学、工程力学、控制理论为基础，通过计算机运算或仿真，主要介绍四轮转向汽车和汽车悬挂系统的非线性动力学及部分控制技术。

为了便于读者学习，本书采用由易到难、由运算到仿真的思路整体布局。每一章通常先介绍汽车或某一总成的简单结构及工作原理，然后运用非线性动力学知识分析其力学特性。第一章主要介绍自制系统的平均法、中心流形理论等基础知识。第二章详细介绍四轮转向汽车的动力学特性。第三章重点分析了四轮转向汽车的操纵稳定性。第四章分类介绍了车辆悬架动力学。第五章介绍了四轮转向汽车的侧倾动力学。第六章介绍了车辆座椅系统的动力学特性及仿真。

编写过程中，许多高校教师、企业专业技术人员积极提供资料并给予细心指导。同时，书中引用了他们许多研究成果，在此表示衷心的感谢。

恳切希望使用本书的广大读者批评指正。

著者

2023年10月

目　录

1 非线性动力学理论

振动是自然界最普遍的现象之一。大至宇宙，小至亚原子、粒子，无不存在振动。各种形式的物理现象，包括声、光、热等都包含振动。人们生活中也离不开振动：心脏的搏动、耳膜和声带的振动，都是人体不可缺少的功能；人的视觉依靠光的刺激，而光本质上也是一种电磁振动；生活中不能没有声音和音乐，而声音的产生、传播和接收都离不开振动。在工程技术领域中，振动现象也比比皆是。例如，桥梁和建筑物在阵风或地震激励下的振动，飞机和船舶在航行中的振动，机床和刀具在加工时的振动，各种动力机械的振动，控制系统中的自激振动等等。

在许多情况下，振动被认为是消极因素。例如，振动会影响精密仪器设备的功能，降低加工精度和光洁度，加剧构件的疲劳和磨损，从而缩短机器和结构物的使用寿命，振动还可能引起结构的大变形破坏，有的桥梁曾因振动而坍毁；飞机机翼的颤振、机轮的抖振往往造成事故；车船和机舱的振动会劣化乘载条件；强烈的振动噪声会形成严重的公害。

然而，振动也有它积极的一面。例如，振动是通信、广播、电视、雷达等工作的基础。20 世纪 50 年代以来，陆续出现许多利用振动的生产装备和工艺。例如，振动传输、振动筛选、振动研磨、振动抛光、振动沉桩、振动消除内应力等等。它们极大地改善了劳动条件，成十、百倍地提高了劳动生产率。可以预期，随着生产实践和科学研究的不断进展，振动的利用还会与日俱增。

各个不同领域中的振动现象虽然各具特色，但往往有着相似的数学、力学描述。正是在这种共性的基础上，才有可能建立某种统一的理论来处理各种振动问题。振动学就是这样一门基础学科，它借助于数学、物理、实验和计算技术，探讨各种振动现象的机理，阐明振动的基本规律，以便克服振动的消极因素，利用其积极因素，为合理解决实践中遇到的各种振动问题提供理论依据。严格地讲，描述这些现象的方程式大多是非线性的(常微分方程,偏微分方程,代数方程)。对于那些非线性因素较弱,略去后又不从根本上影响最后结果的问题,可以用线性方程替代非线性方程,此方法称为线性化方法。对于很多问题,这种简化是合理的。而对某些非线性问题,这样简化误差很大,甚至带来质的变化,这是不允许的。因此对于这样的系统必须用非线性振动理论来研究。

由于线性微分方程理论已经发展得比较完善,所以线性振动理论也发展得相当完善,利用适合于线性系统的叠加原理,可以把一个多频(n 个)激励的响应,看成 n 个单频激励响应的叠加,这样可使所研究的问题获得极大的简化。在非线性振动系统中叠加原理不再适用,因而线性振动理论中一系列的方法和定理,例如模态叠加法、暂态振动中杜哈美(Duhaml)积分、模态分析和模态综合等等在非线性振动理论中都不再适用。

(1) 非线性振动的特点

① 线性系统的叠加原理不适用于非线性系统。在线性系统中,由于系统的运动特征与输入的幅值、系统的初始状态无关,故通常是在典型输入函数和零初始条件下进行研究。在非线性系统中,由于叠加原理不成立,即几个输入信号作用于非线性控制系统所引起的输出,不再等于每一个输入信号所引起的输出之总和,不能应用上述方法。例如作用在非线性系统上的周期干扰力,有的可以展成傅氏级数,其强迫振动的解不等于每个谐波单独作用时解的叠加。

② 在非线性系统中,对应于平衡状态和周期振动的定常解一般有数个,必须研究解的稳定性问题,才能决定哪一个解在生产实际中能实现。

③ 在线性系统中,由于有阻尼存在,自由振动总是被衰减掉,只有在干扰力的作用下才存在定常周期解。而在非线性系统中,有时会存在非线性阻尼,例如平方阻尼、迟滞阻尼等等,即使没有周期性干扰力的作用,系统也可能出现周期解。如自激振动系统,在有阻尼而无干扰力时,也有定常的周期振动。

④在线性系统中,强迫振动的频率和干扰力的频率相同。而在非线性系统中,在单一频率周期性干扰力作用下,非线性系统受迫振动定常解有时会出现与干扰力同频率成分,有时又会出现不同频率成分,即出现亚谐波、超谐波和超亚谐波等。当干扰力的频率从大到小或从小到大连续变化时,系统受迫振动的振幅会出现跳跃现象,而且频率变化顺序不同时,跳跃点的位置也不同。

⑤ 若非线性控制系统运动的方程中含有参数,当参数变化时,解也随之变

化。有时在某临界参数附近，参数有很小的变化，解就会发生根本性变化，甚至稳定性也发生质的变化，这是线性振动中没有的。工程中某些非线性问题，往往需要确定解的稳定区与不稳定区的分界线，需要研究参数变化时，解的拓扑结构的变化。

线性振动理论建立在牛顿经典力学基础上，只要建立了方程，给出初始条件，我们便可计算“未来”，若时间被赋予负值，我们可计算“过去”。非线性系统中一些方程，在某些参数条件下，运动性态十分复杂，运动轨道十分混乱而不重复，但又局限于某一个区间内，即使给定初始条件，也无法确定未来任意时刻系统的状态。这一发现打破了牛顿、拉普拉斯决定论的统治观念，促进了学科的飞速发展。

(2) 研究非线性振动问题的主要方法

对非线性振动问题的研究，特别是对工程技术中出现的非线性振动问题的研究，大体上分为实验法和分析法，后者又可分为定性分析法和定量分析法。

实验方法是根据原理相似的条件，建立机械的或电子的模型，研究各种参数对振动特性的影响，以及研究解的稳定条件，有时也需进行现场实验研究。实验不但可以验证理论，而且对一些复杂的振动系统能直接得到规律性的结论，也是进一步发展理论的基础。由于现代科技的进步，实验分析手段的快速发展，电子计算机软硬件性能的提高，实验法研究的前景愈发宽广。定性分析法，又称几何法或相平面法，由庞加莱(Poincaré)首先提出，即在相平面上研究解或平衡点的性质和相图性质，从而定性地确定解的性态，一般以研究二维问题为主。计算机辅助绘图手段的引入，赋予定性分析法以新的活力。定量分析法近几十年来发展很快，方法也很多。例如普通小参数法、林特斯蒂脱(Lindstedt)小参数法、多尺度法、慢变参数法、KBM法、伽辽金法、谐波平衡法等等，它们各有特色。定量分析法的另一个分支，是使用电子计算机进行数值分析研究非线性振动，近年来发展迅猛，而且实用价值很大，如初值法、边值法、点映射法、胞映射法等都得到广泛应用。由于非线性振动比较复杂，特别是研究强非线性问题、分岔、突变、混沌和多维系统时，数值分析也许是主要的研究手段。

不同的自然现象，有些可以用同类型的方程来描述。因此，非线性振动方程性态的研究结果，可以运用到其他学科。

1.1　自制系统的平均法及定常解

平均法(Averaging Method)是由常数变易法演变而来的一种求解非线性微分方程渐近解(Asymptotic Solution)的方法。它的基本思想是根据弱非线性振动系统中振动的拟谐和性质,假设非线性系统与其派生系统的解具有相似的形式,并根据非线性振动系统的振幅、初相位关于时间的导数都是0(ε)量级的周期函数的特性,将非线性振动系统的振幅、初相位关于时间的导数看成是时间 t 的缓变函数,并用一个周期的平均值代替它,故称其为平均法。这种方法是由范德波(Van Der Pol)最先提出来的,克雷劳夫(Krylov)和巴戈留包夫(Bogoliugov)发展了这一方法。

1.1.1　自制系统的平均法

设单自由度系统自由振动的方程为:

$$\ddot{x}+\omega^2 x=\varepsilon f(x,\dot{x}) \tag{1-1}$$

或写为一阶微分方程组:

$$\begin{cases}\dot{x}=z\\ \dot{z}=-\omega^2 x+\varepsilon f(x,z)\end{cases} \tag{1-2}$$

式中 x 为广义位移,随时间 t 而变化;ε 为小参数;ω 为常数,是方程(1-1)所对应的线性系统的固有频率,即当 $\varepsilon=0$ 时的固有频率;函数 $f(x,z)$ 是 n 阶可微的。

(1) 将上述以位移 x、速度 z 为变量的方程转化为以振幅 a、相位 θ 为变量的方程

在方程组(1-2)中,如 $\varepsilon=0$,可得其派生系统的解为:

$$\begin{cases}x=a\cos\psi\\ z=-a\omega\sin\psi\end{cases} \tag{1-3}$$

其中,$\psi=\omega t+\theta$,而 a,θ 为由起始条件确定的常数。当 $\varepsilon\neq 0$ 时,a,θ 将为时间 t 的函数。

现研究 a,θ 是什么函数时,解(1-3)满足方程组(1-2)。将方程组(1-3)的第一式对时间 t 求一阶导数,得:

$$\dot{x}=\frac{\mathrm{d}a}{\mathrm{d}t}\cos\psi-a\left(\omega+\frac{\mathrm{d}\theta}{\mathrm{d}t}\right)\sin\psi \tag{1-4}$$

考虑式(1-3)和式(1-4),若要求 $\dot{x}=z$ 成立,则须有:

$$\frac{\mathrm{d}a}{\mathrm{d}t}\cos\psi-a\frac{\mathrm{d}\theta}{\mathrm{d}t}\sin\psi=0 \tag{1-5}$$

对式(1-3)的第二式求导得:

$$\dot{z}=\ddot{x}=-\frac{\mathrm{d}a}{\mathrm{d}t}\omega\sin\psi-a\omega\left(\omega+\frac{\mathrm{d}\theta}{\mathrm{d}t}\right)\sin\psi \tag{1-6}$$

将 x 及 $\ddot{x}$ 的表达式代入基本方程(1-1),可得:

$$-\omega\frac{\mathrm{d}a}{\mathrm{d}t}\sin\psi-a\omega\frac{\mathrm{d}\theta}{\mathrm{d}t}\cos\psi=\varepsilon f(a\cos\psi,-a\omega\sin\psi) \tag{1-7}$$

由式(1-5)和式(1-7)可以解出:

$$\begin{cases}\dfrac{\mathrm{d}a}{\mathrm{d}t}=-\dfrac{\varepsilon}{\omega}f(a\cos\psi,-a\omega\sin\psi)\sin\psi=\varepsilon\phi(a,\psi)\\[2ex]\dfrac{\mathrm{d}\theta}{\mathrm{d}t}=-\dfrac{\varepsilon}{a\omega}f(a\cos\psi,-a\omega\sin\psi)\cos\psi=\varepsilon\phi^*(a,\psi)\end{cases} \tag{1-8}$$

其中,

$$\begin{cases}\phi(a,\psi)=-\dfrac{1}{\omega}f(a\cos\psi,-a\omega\sin\psi)\sin\psi\\[2ex]\phi^*(a,\psi)=-\dfrac{1}{a\omega}f(a\cos\psi,-a\omega\sin\psi)\cos\psi\end{cases}$$

式(1-8)称为标准方程组。上述验算没有作过近似简化,如果能够精确求解(1-8)式,问题也就解决了,不过通常很难做到这一点。

(2) 求解式(1-8)的近似解

由方程组(1-8)的形式可知,振幅和相位关于时间的导数是与 ε 成比例的量,因此设函数 a,θ 由分别平稳变化的项 y,β 和小摄动项叠加而成,取 KB(克雷劳夫-巴戈留包夫)变换。

$$\begin{cases}a=y+\varepsilon U_1(t,y,\gamma)+\varepsilon^2U_2(t,y,\gamma)+\cdots\\\theta=\beta+\varepsilon V_1(t,y,\gamma)+\varepsilon^2V_2(t,y,\gamma)+\cdots\end{cases} \tag{1-9}$$

并要求新变量 y,β 的导数为:

$$\begin{cases}\dfrac{\mathrm{d}y}{\mathrm{d}t}=\varepsilon Y_1(y)+\varepsilon^2Y_2(y)+\varepsilon^3Y_3(y)+\cdots\\[2ex]\dfrac{\mathrm{d}\beta}{\mathrm{d}t}=\varepsilon Z_1(y)+\varepsilon^2Z_2(y)+\varepsilon^3Z_3(y)+\cdots\end{cases} \tag{1-10}$$

其中 Y_1,Y_2,Y_3,Z_1,Z_2,Z_3 不显含时间 t;U_1,U_2,V_1,V_2 是 β 的周期为 2π 的

函数，以及是 t 的周期为 T 的函数。

将式(1-9)求导后代入式(1-8)，并考虑式(1-10)得：

$$\begin{aligned}\frac{\mathrm{d}a}{\mathrm{d}t}=&\varepsilon Y_1+\varepsilon^2 Y_2+\varepsilon^3 Y_3+\varepsilon\frac{\partial U_1}{\partial t}+\varepsilon\frac{\partial U_1}{\partial y}(\varepsilon Y_1+\varepsilon^2 Y_2+\varepsilon^3 Y_3)\\&+\varepsilon\frac{\partial U_1}{\partial\beta}(\varepsilon Z_1+\varepsilon^2 Z_2+\varepsilon^3 Z_3)+\varepsilon^2\frac{\partial U_2}{\partial t}\\&+\varepsilon^2\frac{\partial U_2}{\partial y}(\varepsilon Y_1+\varepsilon^2 Y_2+\varepsilon^3 Y_3)+\varepsilon^2\frac{\partial U_2}{\partial\beta}(\varepsilon Z_1+\varepsilon^2 Z_2+\varepsilon^3 Z_3)\\=&\varepsilon\phi(t,y,\beta,\varepsilon)=\varepsilon\phi_0+\varepsilon^2\phi_1+\cdots\end{aligned}\tag{1-11}$$

$$\begin{aligned}\frac{\mathrm{d}\theta}{\mathrm{d}t}=&\varepsilon Z_1+\varepsilon^2 Z_2+\varepsilon^3 Z_3+\varepsilon\frac{\partial V_1}{\partial t}+\varepsilon\frac{\partial V_1}{\partial y}(\varepsilon Y_1+\varepsilon^2 Y_2+\varepsilon^3 Y_3)\\&+\varepsilon\frac{\partial V_1}{\partial\beta}(\varepsilon Z_1+\varepsilon^2 Z_2+\varepsilon^3 Z_3)+\varepsilon^2\frac{\partial V_2}{\partial t}\\&+\varepsilon^2\frac{\partial V_2}{\partial y}(\varepsilon Y_1+\varepsilon^2 Y_2+\varepsilon^3 Y_3)+\varepsilon^2\frac{\partial V_2}{\partial\beta}(\varepsilon Z_1+\varepsilon^2 Z_2+\varepsilon^3 Z_3)\\=&\varepsilon\phi^*(t,y,\beta,\varepsilon)=\varepsilon\phi_0^*+\varepsilon^2\phi_1^*+\cdots\end{aligned}\tag{1-12}$$

令式(1-11)、式(1-12)两端 ε 同次方的系数相同，得到 Y,Z,U,V 的微分方程式，前两项的系数方程为：

$$\begin{cases}Y_1+\dfrac{\partial U_1}{\partial t}=\phi_0\\[2ex]Z_1+\dfrac{\partial V_1}{\partial t}=\phi_0^*\end{cases}\tag{1-13}$$

和

$$\begin{cases}Y_2+\dfrac{\partial U_1}{\partial y}Y_1+\dfrac{\partial U_1}{\partial\beta}Z_1+\dfrac{\partial U_2}{\partial t}=\phi_1\\[2ex]Z_2+\dfrac{\partial V_1}{\partial y}Y_1+\dfrac{\partial V_1}{\partial\beta}Z_1+\dfrac{\partial V_2}{\partial t}=\phi_1^*\end{cases}\tag{1-14}$$

其中 $\phi_0,\phi_1,\phi_0^*,\phi_1^*,\cdots$ 为将 ϕ,ϕ^* 在 $\varepsilon=0$ 点展成泰勒级数时 $\varepsilon^0,\varepsilon^1,\cdots$ 的系数。

根据 Y,Z 不显含 t 的条件，可用下列方法确定它们。

$$\begin{cases}Y_1=\dfrac{1}{T}\displaystyle\int_0^T\left(\phi_0-\dfrac{\partial U_1}{\partial t}\right)\mathrm{d}t=\dfrac{1}{2\pi}\int_0^{2\pi}\phi_0\,\mathrm{d}\psi\\[2ex]Z_1=\dfrac{1}{T}\displaystyle\int_0^T\left(\phi_0^*-\dfrac{\partial V_1}{\partial t}\right)\mathrm{d}t=\dfrac{1}{2\pi}\int_0^{2\pi}\phi_0^*\,\mathrm{d}\psi\end{cases}\tag{1-15}$$

和

$$\begin{cases} Y_2 = \dfrac{1}{T}\displaystyle\int_0^T \left(\phi_1 - \dfrac{\partial U_1}{\partial y} Y_1 - \dfrac{\partial U_1}{\partial \beta} Z_1 \right) \mathrm{d}t = \dfrac{1}{2\pi}\displaystyle\int_0^{2\pi} \left(\phi_1 - \dfrac{\partial U_1}{\partial y} Y_1 - \dfrac{\partial U_1}{\partial \beta} Z_1 \right) \mathrm{d}\psi \\ Z_2 = \dfrac{1}{T}\displaystyle\int_0^T \left(\phi_1^* - \dfrac{\partial V_1}{\partial y} Y_1 - \dfrac{\partial V_1}{\partial \beta} Z_1 \right) \mathrm{d}t = \dfrac{1}{2\pi}\displaystyle\int_0^{2\pi} \left(\phi_1 - \dfrac{\partial V_1}{\partial y} Y_1 - \dfrac{\partial V_1}{\partial \beta} Z_1 \right) \mathrm{d}\psi \end{cases} \tag{1-16}$$

其中 T 为振动周期。而

$$\begin{cases} U_1(t, y, \beta) = \displaystyle\int_0^t (\phi_0 - Y_1)\mathrm{d}t + U_{10} \\ V_1(t, y, \beta) = \displaystyle\int_0^t (\phi_0^* - Z_1)\mathrm{d}t + V_{10} \end{cases} \tag{1-17}$$

和

$$\begin{cases} U_2(t, y, \beta) = \displaystyle\int_0^t \left(\phi_1 - Y_2 - \dfrac{\partial U_1}{\partial y} Y_1 - \dfrac{\partial U_1}{\partial \beta} Z_1 \right) \mathrm{d}t + U_{20} \\ V_2(t, y, \beta) = \displaystyle\int_0^t \left(\phi_1^* - Z_2 - \dfrac{\partial V_1}{\partial y} Y_1 - \dfrac{\partial V_1}{\partial \beta} Z_1 \right) \mathrm{d}t + V_{20} Z_2 \end{cases} \tag{1-18}$$

其中

$$U_{10} = U_1(0, y, \beta), \quad V_{10} = V_1(0, y, \beta),$$
$$U_{20} = U_2(0, y, \beta), \quad V_{20} = V_2(0, y, \beta)$$

当 $\varepsilon \to 0$ 时，由式(1-9)得 $a = y$，由式(1-3)及式(1-10)得第一次近似解(精确到 ε 一次幂的解)为：

$$\begin{cases} x = y\cos(\omega t + \beta) \\ \dfrac{\mathrm{d}y}{\mathrm{d}t} = \varepsilon Y_1(y) \\ \dfrac{\mathrm{d}\beta}{\mathrm{d}t} = \varepsilon Z_1(y) \end{cases} \tag{1-19}$$

第二次近似解为：

$$\begin{cases} x = y\cos(\omega t + \beta) \\ a = y + \varepsilon U_1(t, y, \beta) \\ \theta = \beta + \varepsilon V_1(t, y, \beta) \end{cases} \tag{1-20}$$

其中

$$\begin{cases} U_1(t,y,\beta)=\int_0^t(\phi_0-Y_1)\mathrm{d}t+U_{10} \\ V_1(t,y,\beta)=\int_0^t(\phi_0^*-Z_1)\mathrm{d}t+V_{10} \end{cases} \tag{1-21}$$

和

$$\begin{cases} \dfrac{\mathrm{d}y}{\mathrm{d}t}=\varepsilon Y_1(y)+\varepsilon^2 Y_2(y) \\ \dfrac{\mathrm{d}\beta}{\mathrm{d}t}=\varepsilon Z_1(y)+\varepsilon^2 Z_2(y) \end{cases} \tag{1-22}$$

(3) 例题

用平均法求杜芬(Duffing)方程 $\ddot{x}+\omega^2 x=-\varepsilon\alpha x^3$ 的一、二次近似解。

解:将杜芬方程写为一阶微分方程组:

$$\begin{cases} \dot{x}=z \\ \dot{z}=-\omega^2 x-\varepsilon\alpha x^3 \end{cases} \tag{1-23}$$

设上式的解为:

$$\begin{cases} x=a\cos\psi \\ z=-a\omega\sin\psi \end{cases} \tag{1-24}$$

其中:$\psi=\omega t+\theta$

可导出其标准方程组为

$$\begin{cases} \dfrac{\mathrm{d}a}{\mathrm{d}t}=\dfrac{\varepsilon}{\omega}\alpha x^3\sin\psi=\dfrac{\varepsilon}{\omega}\alpha a^3\cos^3\psi\sin\psi=\varepsilon\phi(a,\psi,t) \\ \dfrac{\mathrm{d}\theta}{\mathrm{d}t}=\dfrac{\varepsilon}{a\omega}\alpha x^3\cos\psi=\dfrac{\varepsilon}{a\omega}\alpha a^3\cos^4\psi=\varepsilon\phi^*(a,\psi,t) \end{cases} \tag{1-25}$$

引入 KB 变换,

$$\begin{cases} a=y+\varepsilon U_1(t,y,\gamma)+\varepsilon^2 U_2(t,y,\gamma) \\ \theta=\beta+\varepsilon V_1(t,y,\gamma)+\varepsilon^2 V_2(t,y,\gamma) \end{cases} \tag{1-26}$$

并要求新变量 y,β 的导数为

$$\begin{cases} \dfrac{\mathrm{d}y}{\mathrm{d}t}=\varepsilon Y_1(y)+\varepsilon^2 Y_2(y) \\ \dfrac{\mathrm{d}\beta}{\mathrm{d}t}=\varepsilon Z_1(y)+\varepsilon^2 Z_2(y) \end{cases} \tag{1-27}$$

将式(1-26)求导后代入式(1-25),并考虑式(1-27)得:

$$\frac{\mathrm{d}a}{\mathrm{d}t}=\varepsilon Y_1+\varepsilon^2 Y_2+\varepsilon\frac{\partial U_1}{\partial t}+\varepsilon^2\frac{\partial U_1}{\partial y}Y_1+\varepsilon^2\frac{\partial U_1}{\partial\beta}Z_1+\varepsilon^2\frac{\partial U_2}{\partial t}$$

$$=\varepsilon\phi(t,y,\beta,\varepsilon)=\varepsilon\phi_0+\varepsilon^2\phi_1=\frac{\varepsilon\alpha}{\omega}x^3\sin\psi \tag{1-28}$$

$$\frac{\mathrm{d}\theta}{\mathrm{d}t}=\frac{\varepsilon\alpha}{a\omega}x^3\cos\psi \tag{1-29}$$

$$\begin{cases}\dfrac{\mathrm{d}y}{\mathrm{d}t}=\varepsilon Y_1(y)+\varepsilon^2 Y_2(y)+\varepsilon^3 Y^*(t,y,\beta,\varepsilon)\\[2ex]\dfrac{\mathrm{d}\beta}{\mathrm{d}t}=\varepsilon Z_1(y)+\varepsilon^2 Z_2(y)+\varepsilon^3 Z^*(t,y,\beta,\varepsilon)\end{cases} \tag{1-30}$$

其中

$$\phi_0=\frac{1}{\omega}ay^3\cos^3(\omega t+\beta)\sin(\omega t+\beta);$$

$$\phi_0^*=\frac{1}{\omega}ay^2\cos^4(\omega t+\beta);$$

$$\phi_1=\frac{\alpha}{8\omega}\{4y^3V_1[\cos2(\omega t+\beta)+\cos4(\omega t+\beta)]$$
$$+3y^2U_1[2\sin2(\omega t+\beta)+\sin4(\omega t+\beta)]\};$$

$$\phi_1^*=\frac{\alpha}{8\omega}\{2yU_1[3+4\cos2(\omega t+\beta)+\cos4(\omega t+\beta)]$$
$$-4y^2V_1[2\sin2(\omega t+\beta)+\sin4(\omega t+\beta)]\}$$

令式(1-29)、式(1-30)两端 ε 同次方的系数相等。则可得到确定 Y_i,Z_i,U_i,V_i 的微分方程式。

$$\begin{cases}Y_1+\dfrac{\partial U_1}{\partial t}=\phi_0\\[2ex]Z_1+\dfrac{\partial V_1}{\partial t}=\phi_0^*\end{cases} \tag{1-31}$$

和

$$\begin{cases}Y_2+\dfrac{\partial U_1}{\partial y}Y_1+\dfrac{\partial U_1}{\partial\beta}Z_1+\dfrac{\partial U_2}{\partial t}=\phi_1\\[2ex]Z_2+\dfrac{\partial V_1}{\partial y}Y_1+\dfrac{\partial V_1}{\partial\beta}Z_1+\dfrac{\partial V_2}{\partial t}=\phi_1^*\end{cases} \tag{1-32}$$

根据 Y,Z 不显含 t 的条件,得:

$$\begin{cases} Y_1 = \dfrac{1}{2\pi}\displaystyle\int_0^{2\pi} \phi_0 \mathrm{d}\psi = \dfrac{1}{2\pi}\displaystyle\int_0^{2\pi} \dfrac{1}{\omega} a y^3 \cos^3(\omega t + \beta)\sin(\omega t + \beta)\mathrm{d}(\omega t + \beta) = 0 \\ Z_1 = \dfrac{1}{2\pi}\displaystyle\int_0^{2\pi} \phi_0^* \mathrm{d}\psi = \dfrac{1}{2\pi}\displaystyle\int_0^{2\pi} \dfrac{1}{\omega} a y^2 \cos^4(\omega t + \beta)\mathrm{d}(\omega t + \beta) = \dfrac{3\alpha y^2}{8\omega} \end{cases} \tag{1-33}$$

从而得到 Duffing 方程的第一次近似解为：

$$\begin{cases} x = y\cos(\omega t + \beta) \\ \dfrac{\mathrm{d}y}{\mathrm{d}t} = \varepsilon Y_1(y) = 0 \\ \dfrac{\mathrm{d}\beta}{\mathrm{d}t} = \varepsilon Z_1(y) = \varepsilon\ \dfrac{3\alpha y^2}{8\omega} \end{cases} \tag{1-34}$$

从上式知，因为$\dfrac{\mathrm{d}y}{\mathrm{d}t}=0$，所以振幅与时间无关，而由起始条件决定。

$$y = y_0 = \text{const}(\text{常数}) \tag{1-35}$$

由于 y 是常数，则：

$$\beta = \varepsilon\ \frac{3\alpha y^2}{8\omega} t + \beta_0 \tag{1-36}$$

从而得：

$$\psi = \left(\omega + \varepsilon\ \frac{3\alpha y^2}{8\omega}\right)t + \beta_0 \tag{1-37}$$

其中 β_0 为由起始条件确定的起始相位角。

故振动的第一次近似解为简谐运动，其振幅为决定于起始条件的常数，其频率受方程中弹性力的非线性项的影响，即振动频率随振幅而变化。换言之，由于弹性力的非线性项的存在，振动系统就失去了“等时性”。所谓“等时性”是指线性系统固有频率与振幅无关的特性。该系统的振幅为由初始条件确定的常数的物理意义在于，由于 Duffing 系统为保守系统（无阻尼力），没有能量的耗散（阻尼）和能量的输入（激励力），因此其振幅为由初始条件确定的常数。

现求第二次近似解。

$$\begin{cases} U_1 = \displaystyle\int_0^t (\phi_0 - Y_1)\mathrm{d}t + U_{10} = \dfrac{a y^3}{32\omega^2}[-4\cos2(\omega t + \beta) - \cos4(\omega t + \beta)] \\ V_1 = \displaystyle\int_0^t (\phi_0^* - Z_1)\mathrm{d}t + V_{10} = \dfrac{a y^2}{32\omega^2}[8\sin2(\omega t + \beta) + \sin4(\omega t + \beta)] \end{cases} \tag{1-38}$$

和

$$\begin{cases}Y_2 = \dfrac{1}{2\pi}\displaystyle\int_0^{2\pi}\left(\phi_1 - \dfrac{\partial U_1}{\partial y}Y_1 - \dfrac{\partial U_1}{\partial \beta}Z_1 - \dfrac{\partial U_1}{\partial t}\right)\mathrm{d}\psi = 0 \\ Z_2 = \dfrac{1}{2\pi}\displaystyle\int_0^{2\pi}\left(\phi_1^* - \dfrac{\partial U_1}{\partial y}Y_1 - \dfrac{\partial V_1}{\partial \beta}Z_1 - \dfrac{\partial V_1}{\partial t}\right)\mathrm{d}\psi = -\dfrac{17\alpha^2 y^4}{256\omega^3}\end{cases} \tag{1-39}$$

则第二次近似解为：

$$\begin{cases}x = y\cos(\omega t + b) \\ a = y + eU_1(t, y, b) \\ q = b + eV_1(t, y, b)\end{cases} \tag{1-40}$$

并要求：

$$\begin{cases}\dfrac{\mathrm{d}y}{\mathrm{d}t} = \varepsilon Y_1(y) + \varepsilon^2 Y_2(y) \\ \dfrac{\mathrm{d}\beta}{\mathrm{d}t} = \varepsilon Z_1(y) + \varepsilon^2 Z_2(y)\end{cases} \tag{1-41}$$

1.1.2 定常解

在平均法中，方程的解为：

$$\begin{cases}x = y\cos(\omega t + \beta) \\ a = y + \varepsilon U_1(t, y, \beta) + \varepsilon^2 U_2(t, y, \beta) + \cdots \\ \theta = \beta + \varepsilon V_1(t, y, \beta) + \varepsilon^2 V_2(t, y, \beta) + \cdots\end{cases} \tag{1-41}$$

其中

$$\begin{cases}\dfrac{\mathrm{d}y}{\mathrm{d}t} = \varepsilon Y_1(y) + \varepsilon^2 Y_2(y) + \cdots \\ \dfrac{\mathrm{d}\beta}{\mathrm{d}t} = \varepsilon Z_1(y) + \varepsilon^2 Z_2(y) + \cdots\end{cases} \tag{1-42}$$

在平均法中，如考虑 n 次近似，则：

$$\frac{\mathrm{d}a}{\mathrm{d}t} = \phi(a) \tag{1-43}$$

其中

$$\phi(a) = \varepsilon A_1(a) + \varepsilon^2 A_2(a) + \cdots + \varepsilon^n A_n(a)$$

可对式(1-43)进行积分，以便得到振幅的变化规律。实际上不进行积分也可定性地研究 $a(t)$ 的性质，本书许多地方就是根据 $\phi(a)$ 的规律来研究 $a(t)$ 的性质及稳定性。

首先假设,不存在这样一个 a^* 值,当 $a>a^*$ 时,有 $\phi(a)>0$。如存在这样一个 a^* 值,在取起始条件 $a(0)>a^*$ 后,由于 $\phi(a)>0$,则当 $t\rightarrow\infty$ 时,$a(t)\rightarrow\infty$,这种情形从物理意义上讲是不可能的,所以上面的假设必须成立。这个条件称为"振幅的有界条件"。

从方程(1-43)知,当 $\phi(a)>0$ 时,振幅增加;当 $\phi(a)<0$ 时,振幅减小;只有当 $\phi(a)=0$ 时,振幅不变而为常数。这个不变的常数称为"定常值",故为了得到振幅的定常解,必须令式(1-43)的右端等于零。

$$\phi(a)=0 \tag{1-44}$$

如振幅的起始值 a_0 不满足上述定常解的条件,那么,在系统起振后,振幅或增大或减小,向定常值趋近。因此,若系统存在稳定的定常解,非定常振动随着时间的增加,必向定常振动趋近,非定常振动也称为过渡过程。对高频成分来说,由于周期很小,所以向定常解趋近得非常快,故对这样一类振动来说,振动过程开始后可认为是定常的。

在工程技术中,也存在着没有过渡过程的所谓"退化系统",此系统的任何振动都是定常的,例如当函数 $f\left(x,\frac{\mathrm{d}x}{\mathrm{d}t}\right)$ 只与 x 有关,而与 $\frac{\mathrm{d}x}{\mathrm{d}t}$ 无关时,有

$$\frac{\mathrm{d}^2x}{\mathrm{d}t^2}+F(x)=0 \tag{1-45}$$

以 $\mathrm{d}x$ 乘上式,得:

$$\frac{\mathrm{d}^2x}{\mathrm{d}t^2}\mathrm{d}x+F(x)\mathrm{d}x=0$$

或

$$v\mathrm{d}v+F(x)\mathrm{d}x=0$$

所以

$$T+E=\mathrm{const}$$

可见,此系统是保守系统,在振动过程中无能量输入和输出,因此由起始条件所确定的任何振动都是不变的,即都是定常的。

实际上,任何物理系统在振动过程中都有能量损失,就是自激振动系统,也必须向系统供给能量。

设 a_0 是方程(1-44)的根,该常数也就是定常解。则定常解稳定性由下式

确定：

$$\left.\frac{\mathrm{d}\phi(a)}{\mathrm{d}t}\right|_{a=a_0}=\phi'(a_0) \tag{1-46}$$

当 $\phi'(a_0)<0$，则定常解 a_0 为稳定的。如中 $\phi'(a_0)>0$，则定常解 a_0 不稳定。

应该指出，存在稳定的定常解的条件是必须有一个非零解，而产生自激振动的条件不是存在稳定的定常解的必要条件。

总之，为了求次近似的定常解，令方程右端的前 n 项等于零，从代数方程可求定常解 a_0，而其稳定问题取决于 $\phi'(a_0)$ 的符号。如直接解方程(1-43)，则可得到向定常解过渡的非定常解。

1.2 非线性系统理论分析基础

1.2.1 中心流形定理

(1) 中心流形定理

考虑 n 维非线性系统：

$$\dot{x}=f(x),\quad x\in R^n \tag{1-47}$$

$f(x)$ 是 R^n 上的 $C^r(r\geqslant1)$ 向量场，设原点是孤立平衡点，即 $f(0)=0$。则系统(1-47)在原点处的线性近似系统为：

$$\dot{x}=\boldsymbol{A}x,\quad x\in R^n \tag{1-48}$$

其中 $\boldsymbol{A}$ 为原点处的雅可比矩阵，$\boldsymbol{A}=\boldsymbol{D}_xf(0)$，这个系统的流是 $\varphi_t=e^{AT}:R^n\to R^n$，为线性流。对 R^n 作直和分解：

$$\boldsymbol{R}^n=\boldsymbol{E}^s+\boldsymbol{E}^u+\boldsymbol{E}^c$$

其中 $\boldsymbol{E}^s$，$\boldsymbol{E}^u$ 和 $\boldsymbol{E}^c$ 分别为矩阵 $\boldsymbol{A}$ 的具有负实部、正实部和零实部特征值所对应的不变子空间，它们的维数分别为 n_s、n_u 和 n_c，$n_s+n_u+n_c=n$，矩阵 $\boldsymbol{A}$ 的具有负实部、正实部和零实部的特征值所对应的特征向量和广义特征向量分别记为：$\{v_1,v_2,\cdots,v_{n_s}\}$，$\{u_1,u_2,\cdots,u_{n_u}\}$ 和 $\{w_1,w_2,\cdots,w_{n_c}\}$，因此不变子空间 $\boldsymbol{E}^s$、$\boldsymbol{E}^u$ 和 $\boldsymbol{E}^c$ 分别为：

稳定子空间 $\boldsymbol{E}^s=\mathrm{span}\{v_1,v_2,\cdots,v_{n_s}\}$

不稳定子空间 $\boldsymbol{E}^u=\mathrm{span}\{u_1,u_2,\cdots,u_{n_u}\}$

中心子空间 $\boldsymbol{E}^s=\mathrm{span}\{w_1,w_2,\cdots,w_{n_c}\}$

在双曲平衡点附近,非线性流的拓扑结构可以用线性化流描述。但是对于非双曲平衡点,其平衡点附近的流可能是很复杂的。中心流形定理可以降低系统的维数,在研究稳定性和分岔问题时有重要作用。

中心流形定理:设 $f(x)$ 是 $C^r(r\geqslant 1)$ 向量场,点 0 是系统(3-1)的一个非双曲平衡点,$\boldsymbol{E}^s$、$\boldsymbol{E}^u$ 和 $\boldsymbol{E}^c$ 分别为线性近似系统的稳定子空间、不稳定子空间和中心子空间。则在 0 点的某邻域 D 内,存在过 0 点并在该处分别与 $\boldsymbol{E}^s$、$\boldsymbol{E}^u$ 和 $\boldsymbol{E}^c$ 相切的 C^r 局部稳定流形 w^s,C^r 局部不稳定流形 w^u 和 C^r 局部中心流形 w^c,它们都是局部不变集。w^s 和 w^u 是唯一的,但 w^c 并不唯一,即 $\lim\limits_{t\to\pm\infty}\varphi^t y_0$ 方向不定。

(2) 中心流形的计算

设 D 为点 0 的某个邻域,给定非奇异线性变换将系统(1-47)的雅可比矩阵 $\boldsymbol{A}=\boldsymbol{D}_x f(0)$ 化为对角块形式,且设 $\boldsymbol{A}$ 不具有正实部的特征值,变换矩阵为 $\boldsymbol{T}$,则有:

$$\boldsymbol{T}^{-1}\boldsymbol{A}\boldsymbol{T}=\begin{bmatrix}\boldsymbol{B} & 0\\ 0 & \boldsymbol{C}\end{bmatrix}$$

其中 $\boldsymbol{B}$ 和 $\boldsymbol{C}$ 分别为 $n_s\times n_s$ 和 $n_c\times n_c$ 矩阵,它们的特征值分别为负实部和零实部,$n_s=\dim E^S$、$n_c=\dim E^C$,$n_s+n_c=n$。令 $x=T\cdot y$,$y=\begin{pmatrix}u\\ v\end{pmatrix}$,得到:

$$\begin{cases}\dot{u}=\boldsymbol{B}u+\boldsymbol{F}(u,v)\\ \dot{v}=\boldsymbol{C}v+\boldsymbol{G}(u,v)\end{cases}\tag{1-49}$$

由于中心流形 W^C 存在,且在原点处与 E^C 相切,因此我们可以在 D 内把 W^C 表示为:

$$W^C: v=h(u),\quad h(0)=h'(0)=0\tag{1-50}$$

把它代入(1-49),得到中心流形上方程:

$$\dot{u}=\boldsymbol{B}u+F(u,h(u))\tag{1-51}$$

即得原系统降维后的方程。

1.2.2 Normal Form 理论

Normal Form 理论是通过一系列近恒等变换,在平衡点附近把微分方程化简,找出中心流形上方程在退化奇点附近非线性项的最简单形式。

将系统(1-47)右边展成泰勒级数:

$$\dot{x}=\boldsymbol{A}x+f^2(x)+\cdots+f^r(x)+0(|x|^{r+1}),x\in R^n\tag{1-52}$$

其中 $\boldsymbol{A}$ 是 $n\times n$ 矩阵,$f^k(x)\in H_n^k$,H_n^k 是在线性空间内由 n 个变量组成的 k

阶齐次多项式空间,$k=2,\cdots,r$.设 $\boldsymbol{A}$ 是约旦标准形。引入近恒等变换:

$$x=y+p^k(y)\in H_n^k,k\geqslant 2 \tag{1-53}$$

将上式代入式(1-52),得:

$$\dot{y}=\boldsymbol{A}\cdot y+f^2(y)+\cdots+f^k(y)-D_y p^k(y)\boldsymbol{A}\cdot y+\boldsymbol{A}p^k(y)+0(|y|^{k+1}) \tag{1-54}$$

其中 $D_y p^k(y)$ 是 $p^k(y)$ 的雅可比矩阵,小于 k 阶的各项形式没有发生变化。定义同调算子 L_A^K 为:

$$L_A^K=D_y p^k(y)A-Ap^k(y) \tag{1-55}$$

式(1-54)可改写为:

$$\dot{y}=A\cdot y+f^2(y)+\cdots+f^k(y)-L_A^K p^k(y)+0(|y|^{k+1}) \tag{1-56}$$

记 $R(L_A^K)$ 为 L_A^K 的值空间,将 H_n^k 进行直和分解,$H_n^k=R(L_A^K)+C^K$, C^K 为补空间,令 $f^k(y)=h^k(y)+g^k(y)$,$h^k(y)\in R(L_A^K)$,$g^k(y)\in C^K$,选择适当的 $p^k(y)$,使得 $L_A^K p^k(y)=h^k(y)$,则式(1-56)变为:

$$\dot{y}=A\cdot y+f^2(y)+\cdots+f^k(y)+g^k(y)+0(|y|^{k+1}) \tag{1-57}$$

得到定理如下:

定理:若 C^K 为在 H_n^k 内算子 L_A^K 的值域的补空间,$k=2,\cdots,r$,则存在一系列近恒等变换:

$$x=y+p^k(y),\quad p^k(y)\in H_n^k,\quad k=2,\cdots,r$$

把系统(1-47)化简为:

$$\dot{y}=A\cdot y+g^2(y)+\cdots+g^r(y)+0(|y|^{r+1}) \tag{1-58}$$

其中 $g^k(y)\in C^K,k=2,\cdots,r$

式(1-58)即为式(1-52)的直到 r 阶规范形,由于补空间 C^K 不唯一,所以规范形并不唯一。

1.2.3 Hopf 分岔定理及其范式

(1) Hopf 分岔定理

设有非线性常微分方程:

$$\dot{x}=f(x,\mu),\quad x\in R^n,\mu\in R \tag{1-59}$$

具有一个孤立平衡点(x_0,μ_0),此时 $f(x_0,\mu_0)=0$ 不失一般性,可设 $f(0,\mu)=0$,$(H_1)A(\mu)=D_x f(0,\mu)$有一对复特征值 $\alpha(\mu)\pm i\beta(\mu)$,当 $\mu=\mu_0$ 时 $\alpha=0,\beta=\beta_0>0,\alpha'(0)\neq 0$,即当 $\mu=\mu_0$ 时 $\alpha(\mu)\pm i\beta(\mu)$横穿虚轴。$(H_2)A(\mu_0)$其余的特征

值具有负实部。

则当 $\dot{x}=f(x,\mu)$ 在 (x_0,μ_0) 邻域内对 x,μ 解析时，解的解析表达式为：

$$\mu(\varepsilon)=\sum_{i=2}^{\infty}\mu_1\varepsilon',\quad T(\varepsilon)=\frac{2\pi}{\beta_0}\left(1+\sum_{t=2}^{\infty}\tau_1\varepsilon'\right)$$

$$x(s,\varepsilon)=\sum_{i=1}^{\infty}x_i(\varepsilon)\varepsilon',\quad s=\frac{2\pi}{T}t \tag{1-60}$$

周期解的稳定性由其范式系数决定。

(2) Hopf 分岔范式

当系统 $\mu=\mu_0$ 时，系统在平衡点有中心流形，因此可以利用中心流形定理把 n 维系统的分岔问题化为二维系统的分岔问题去讨论。考虑由中心流形定理化简得到的二维 Hopf 分岔系统：

$$\dot{x}=f(x,\mu),\quad x\in R^2,\mu\in R \tag{1-61}$$

将其泰勒展开得：

$$\dot{x}=A(\mu)x+f_2(x)+f_3(x)+h.o.t,\quad x\in R^2,\mu\in R \tag{1-62}$$

其中：$x=\begin{pmatrix}x_1\\x_2\end{pmatrix},D_xf(x,\mu)=A(\mu)=\begin{pmatrix}\mathrm{d}\mu & -(c\mu+\omega)\\c\mu+\omega & \mathrm{d}\mu\end{pmatrix}$

$$A(0)=\begin{pmatrix}0 & -\omega\\\omega & 0\end{pmatrix},\quad f_2=\begin{pmatrix}a_{20}x_1^2+a_{11}x_1x_2+a_{02}x_2^2\\b_{20}x_1^2+b_{11}x_1x_2+b_{02}x_2^2\end{pmatrix}$$

$$f_3(x)=\begin{pmatrix}a_{30}x_1^3+a_{21}x_1^2x_2+a_{12}x_1x_2^2+a_{03}x_2^3\\b_{30}x_1^3+b_{21}x_1^2x_2+b_{12}x_1x_2^2+b_{03}x_2^3\end{pmatrix}$$

在直角坐标下其规范形为：

$$\dot{U}=A(\mu)U+G_3(U)+G_5(U)+h.o.t,\quad U\in R^2,\mu\in R \tag{1-63}$$

其中：$U=\begin{pmatrix}u_1\\u_2\end{pmatrix}$；$G_3(U)=(u_1^2+u_2^2)\begin{pmatrix}a_1 & -b_1\\b_1 & a_1\end{pmatrix}\begin{pmatrix}u_1\\u_2\end{pmatrix}$

$$G_5(U)=(u_1^2+u_2^2)^2\begin{pmatrix}a_2 & -b_2\\b_2 & a_2\end{pmatrix}\begin{pmatrix}u_1\\u_2\end{pmatrix}$$

在极坐标下的规范形为：

$$\begin{cases}\dot{r}=(\mathrm{d}\mu+a_1r^2+a_2r^4)r+h.o.t\\\dot{\theta}=\omega+c\mu+b_1r^2+b_2r^4+h.o.t\end{cases} \tag{1-64}$$

其中 a_1,b_1 分别为：

$$a_1=(b_{21}\omega+3a_{30}\omega+3b_{03}\omega+a_{12}\omega-b_{02}b_{11}+2a_{02}b_{02}+a_{11}a_{02}$$

$$+a_{11}a_{20}-b_{20}b_{11}-2b_{20}a_{20})/(8\omega)$$

$$b_1=(3b_{12}\omega-9a_{03}\omega-3a_{21}\omega+9b_{30}\omega-4b_{02}^2+5b_{02}a_{11}$$
$$-10b_{02}b_{20}-a_{11}^2+a_{11}a_{20}-10b_{20}^2-10a_{02}^2+a_{02}b_{11}$$
$$-10a_{02}a_{20}-b_{11}^2+5b_{11}a_{20}-4a_{20}^2)/(24\omega)$$

c,d 分别为雅可比矩阵特征值虚部和实部在$(0,\mu_0)$点的导数。如果 $a_1>0$,周期解是稳定的,如果 $a_1<0$,周期解是发散的,周期解的周期由 b_1 和 ω 决定。若 $d=0$ 或 $a_1=0$,分别称为第一、二类退化情况。

1.3 分岔的代数判据及其应用

对非线性系统分岔点的寻找，一般是通过计算雅可比矩阵 $\mathbf{A}(\mu)$的所有特征值,进而判断随参数 μ 变化时 $A(\mu)$是否有特征根穿越虚轴。这种方法需要对每一参数 μ 计算所有的特征根,并判定特征根的实部是否为零,计算量很大,并且不利于理论分析,因为一般不可能写出特征根的解析表达式。相关文献用 Hurwitz 行列式研究 Hopf 分岔问题,建立了 Hopf 分岔的代数方法,但所得结论用于工程实际问题时并不方便,且计算量太大。

文献[5]利用 Hurwitz 行列式,给出平衡点失稳而发生分岔的代数判定准则和计算方法,将分岔点的求解转化为一个非线性方程的求解问题,从而克服了以前方法在计算 Hopf 分岔点时,对于参数的每一次变化,都要通过求特征根并判定特征根的实部是否为零的庞大工作量。应用这一方法,可以使非线性车辆系统运动稳定性的研究,得到系统运动的临界速度的解析表达式。

考虑一般的非线性微分方程:

$$\dot{x}=f(x,\mu),\quad x\in R^n,\mu\in R \tag{1-65}$$

系统(1-65)的孤立平衡点为 $x=x_0(\mu)$,即 $f(x_0(\mu),\mu)=0$。经过适当的变换,总可以将系统的平衡点 $x=x_0(\mu)$变换到坐标原点。不失一般性,以下假设平衡点为坐标原点,设 $f(x,\mu)$在点$(0,0)\in R^{n\times 1}$的某一邻域内关于 x 和 μ 解析,且当 μ 属于包含零在内的某一区间时,$f(x,\mu)\equiv 0$. 系统(1-65)在平衡点 $x=0$ 的雅可比矩阵为:

$$\mathbf{A}(\mu)=D_x(0,\mu) \tag{1-66}$$

由经典的 Hopf 定理我们知道:

(i) $A(\mu)=D_x(0,\mu)$有一对复根 λ 和 $\bar{\lambda}$;

$$\lambda(\mu)=\alpha(\mu)+i\omega(\mu) \tag{1-67}$$

其中：$\omega(\mu_0)=\omega_0>0,\alpha(\mu_0)=0,\alpha'(\mu_0)\neq 0$

(ii) $A(\mu_0)$的其余 $n-2$ 个根具有负实部。

则系统在参数 $\mu=\mu_0$ 处发生 Hopf 分岔，即在 $\mu=\mu_0$ 附近存在周期运动解。

将雅可比矩阵 $A(\mu)$的特征方程展开得：

$$\lambda^n+a_1(\mu)\lambda^{n-1}+\cdots+a_{n-1}(\mu)\lambda+a_n(\mu)=0 \tag{1-68}$$

将 $a_i(\mu),\Delta_i(\mu)$简记为 $a_i,\Delta_i(i=1,2,\cdots,n)$。由方程(1-68)的系数可构造以下 Hurwitz 行列式：

$$\Delta_m=\begin{vmatrix} a_1 & 1 & 0 & 0 & \cdots & 0 \\ a_3 & a_2 & a_1 & 1 & \cdots & 0 \\ a_5 & a_4 & a_3 & a_2 & \cdots & 0 \\ \vdots & \vdots & \vdots & \vdots & & \vdots \\ a_{2m-1} & a_{2m-2} & a_{2m-3} & a_{2m-4} & \cdots & a_m \end{vmatrix},\quad m=(1,2,\cdots,n) \tag{1-69}$$

其中，如果 $i>n$，则 $a_i=0$

引理 1 实系数方程的一切特征根具有负实部的充分必要条件是：

(1) 多项式的系数全为正，即

$$a_1>0,\quad a_2>0,\quad \cdots,\quad a_n>0 \tag{1-70}$$

(2) 一半 Hurwitz 行列式大于零，即

$$\Delta_{n-1}>0,\quad \Delta_{n-3}>0,\quad \Delta_{n-5}>0\quad \cdots \tag{1-71}$$

定理 1 实系数代数方程(1-68)有一对纯虚根，且其余 $n-2$ 个根均具有负实部的充分必要条件是 $a_1>0,a_2>0,\cdots,a_n>0$，且

$$\Delta_{n-1}=0,\quad \Delta_i>0(i=n-3,n-5\cdots) \tag{1-72}$$

其中，$\Delta_i>0$ 为方程(1-68)的 Hurwitz 行列式。

定理 2 如果实系数代数方程(1-68)有一对纯虚根$\pm\omega i$，其余 $n-2$ 个根均具有负实部，则：

$$\omega^2=\frac{\Delta_{n-3}}{\Delta_{n-2}}a_n \tag{1-73}$$

定理 3 对于实系数代数方程(1-68)，如果 $a_n(\mu)>0$，且存在 $\mu=\mu_0$ 使方程(1-68)的所有特征根具有负实部，则方程(1-68)在 $\mu=\mu_0$ 处存在一对纯虚根$\pm\omega i$，且其余特征根具有负实部的充分条件为：

$$\Delta_{n-3}(\mu_c)>0 \tag{1-74}$$

其中，μ_c 为满足方程 $\Delta_{n-1}(\mu_c)=0$，且与 μ_0 的距离 $|\mu-\mu_0|$ 为最小的解，即

$$\mu_c=\min_{\mu}\{|\mu-\mu_0|:\Delta_{n-1}(\mu_c)=0\} \tag{1-75}$$

定理 4 如果系统(1-65)的雅可比矩阵的特征多项式方程(1-68)在 $\mu=\mu_0$ 时其特征根具有负实部，且 Hurwitz 行列式满足以下条件：

(i)
$$\Delta_{n-3}(\mu_c)>0 \tag{1-76}$$

其中：$\mu_c=\min_{\mu}\{|\mu-\mu_0|:\Delta_{n-1}(\mu_c)=0\}$；则方程(1-68)在 $\mu=\mu_0$ 处存在一对纯虚根 $\pm i\omega_c$，且其他特征根均具有负实部；设 $\boldsymbol{U}$ 和 $\mathbf{V}$ 分别为矩阵 $\mathbf{A}(\mu_c)$ 对应于特征值 $i\omega_c$ 的左特征向量和右特征向量，且 $\boldsymbol{UV}=1$，而

(ii)
$$Re(UBV)\neq 0,\quad \text{其中 } B=\left.\frac{\mathrm{d}A(\mu)}{\mathrm{d}\mu}\right|_{\mu=\mu_0} \tag{1-77}$$

则系统(1-65)在 $\mu=\mu_c$ 处发生 Hopf 分岔，即参数在 $\mu=\mu_c$ 附近存在周期运动。

参考文献

[1] 王洪礼，张琪昌等. 非线性动力学理论与应用[M]. 天津：天津科学技术出版社，2002.

[2] 宋作军. 四轮转向汽车的操纵稳定性研究[D]. 天津：天津大学，2007.

[3] Dave Crolla，喻凡. 车辆动力学及其控制[M]. 北京：人民交通出版社，2004.

[4] 陆启韶，彭临平，杨卓琴. 常微分方程与动力系统[M]. 北京：北京航空航天大学出版社，2010.

[5] 张继业，杨翊仁，曾京. Hopf 分岔的代数判据及其在车辆力学中的应用[J]. 力学学报，2000，32(5)：596-605.

2 四轮转向汽车的非线性动力学特性及控制技术

(1) 汽车四轮转向系统的研究现状

自从1885年德国人卡尔·奔茨发明汽车以来,前轮转向一直是汽车转向的主要方式:驾驶员转动方向盘,通过转向机构带动前轮绕转向节主销转动。前轮转动后,汽车沿着具有一定曲率半径的曲线运动,质心产生的离心力通过车轮作用到地面,而地面上产生一个反作用力推动汽车转向。传统的前轮转向汽车具有低速时转向响应慢,转弯半径大,转向欠灵活;高速时操纵稳定性差等缺点。为了提高汽车操纵的稳定性、轻便性,使转向时车身摇摆减小,从而增加舒适性和安全性,国外从20世纪70年代末开始研究开发四轮转向系统(Four-wheel steering, 4WS),即在前轮转向的基础上,通过动力装置控制后轮的转向。

4WS作为汽车新技术,目前在各国的应用都不是很广泛。日本虽然在4WS的研究上做了很多的工作,也取得了很大的成果,日本每年生产超过千万辆汽车,安装4WS的只是很小一部分。4WS仍然不能大规模使用的原因主要有两点。其一是4WS在很多方面尚不成熟,其二是成本较高。尽管如此,4WS技术在改善汽车操纵稳定性和增强汽车的安全性能上具有很明显的效果。1985年,丰田SOARER汽车根据横向加速度-车速,采用机-电-液控制的四轮转向系统,马自达(MAZDA)公司的四轮转向系统根据转角比-车速,采用机-电-液控制,大大提高了汽车的操纵稳定性。世界各大汽车厂家和有关部门纷纷研制四轮转向装置。同时,计算机技术和电子技术的飞速发展,也推动了四轮转向装置的研发进度。

四轮转向装置的发展趋势主要表现在以下两方面:

① 向小型化方向发展。各大汽车公司都力求使四轮转向装置向小型化、轻量

化方向发展。如日本本田的前身曲牌轿车，前后轮进行电气联动，减少了机械部件，从而使得四轮转向系统体积减小、重量变轻。

② 提高汽车行驶状况的控制性能。目前四轮转向装置是在保持车身侧偏角为零（几乎不变）的基础上，根据车速决定前后轮的转向传动比的。但在实际行驶工况中，因环境（路面摩擦系数、加速、减速、接地负载的变化）等因素的影响，车身的侧偏角不断地发生变化。也就是说，车速的变化对车身侧偏角的影响最大，其次是路面与轮胎之间的摩擦系数等。为保持车身侧偏角为零，使汽车操纵更稳定、安全，必须控制最佳转向传动比。

与二轮转向汽车相比，四轮转向汽车有如下优点（如图 2-1 所示）：

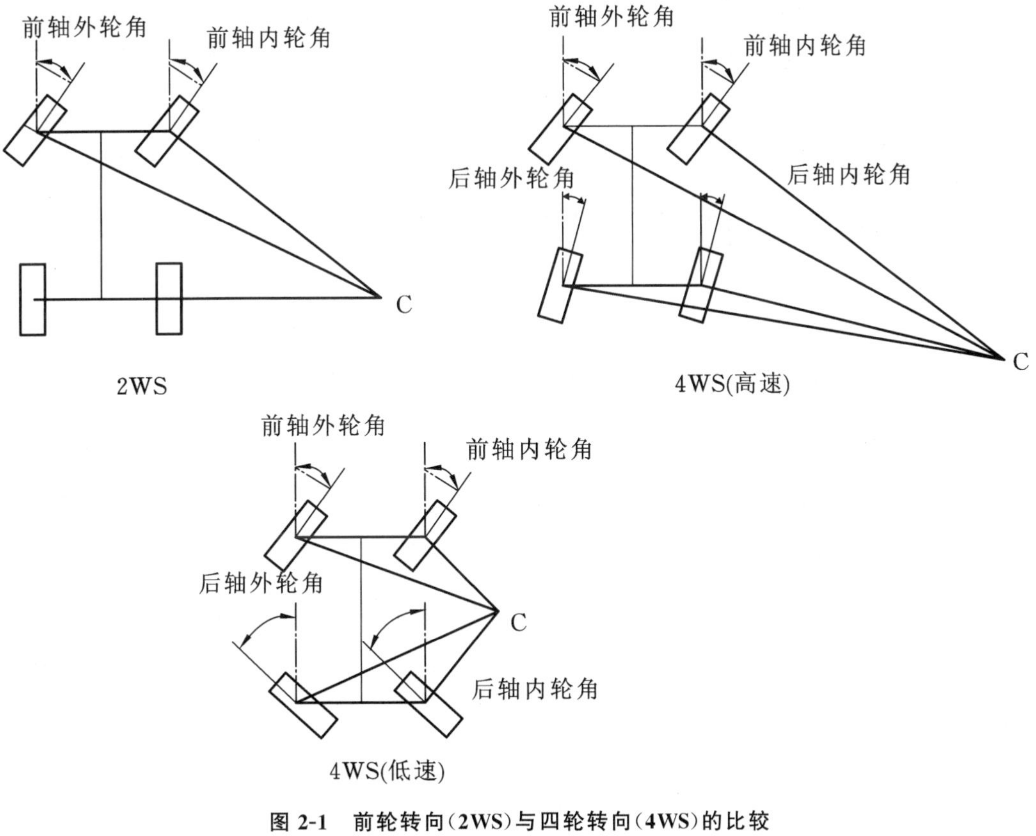

图 2-1　前轮转向（2WS）与四轮转向（4WS）的比较

① 汽车低速行驶转弯时，转弯半径小，提高了汽车的机动性；

② 汽车高速行驶转弯时，能按照驾驶者的意图迅速改变汽车的行驶轨迹，而车身又不致产生过大的摆动，减少了摆尾产生的可能性，使驾驶者更容易控制汽车的姿态；

③ 减少了轮胎磨损。

汽车四轮转向系统的控制方式，主要有以下四种类型：

微小转角控制：① 根据汽车横向加速度-车速进行控制；

② 根据汽车前轮转角-车速进行控制。

大转角控制：③ 根据汽车前轮转角进行控制；

④ 根据汽车转角比-车速进行控制。

（2）汽车四轮转向系统的非线性动力学研究

尽管四轮转向技术的研究已经取得了不少进展，但是至今这项技术还未在商用汽车上得到广泛的应用。这是因为，现在还没有一个成熟的理论对汽车四轮转向运动行为进行深刻的阐述，导致在运用现代控制理论进行研究时，其控制规则的确定和控制方法的选择更多依靠经验，而不是令人信服的理论依据，尤其是当考虑到汽车模型中的非线性因素时，汽车模型更加趋于复杂，仅靠经验几乎无法得到准确结果。

要使四轮转向系统在已有基础上有更进一步的发展，应该综合考虑下面的几个热点问题：

① 轮胎的非线性，车辆的多自由度特性及其数学模型。

② 动态运行中汽车的动力学特性。

③ 轮胎压力、老化程度，车辆载荷，路面，环境的变化（如侧风）对运行稳定性的影响。

④ 司机对汽车转向调节的方式及其数学模型。

⑤ 针对非线性及含有未知动力学特性的汽车模型，研究转向响应快、稳定性高的控制系统。

2.1 汽车四轮转向系统的非线性模型的建立

汽车正常行驶时，轮胎的力学特征即轮胎侧偏力与侧偏角的关系近似为线性，按线性叠加原理得到的结论，经过试验并修正操纵稳定性完全可以满足工程实际应用需要。但是当汽车侧向加速度大于 $0.4g\,s^{-2}$，轮胎侧偏角大于 5°时，侧偏力与侧偏角的关系非线性特性明显，按线性叠加原理得到的结论与工程实际误差较大，影响到汽车行驶的安全可靠，必须予以高度重视。对汽车操纵稳定性的研究更具实际意义。

因此，本章建立了汽车四轮转向系统的非线性数学模型，为利用现代非线性动力学理论、分叉理论等研究手段，进一步深入揭示汽车横向动力学行为，完善汽车四轮转向系统的操纵动力学理论研究奠定了基础。

2.1.1　汽车四轮转向系统非线性影响因素

(1) 汽车运动时的受力分析

建立一个与实际情况接近的汽车动力模型，分析汽车的运动形式及在运动中所受到的力。

如图 2-2 所示，汽车的运动包括纵向(surge)、横向(sway)和上下(heave)共三个方向的平动，以及横摆(yaw)、侧滚(roll)和俯仰/点头(pitch)三个方向的转动。其中，纵向、上下和俯仰运动和转向操作没有直接关系，而侧倾运动则是伴随横向及横摆运动产生的。

汽车运动状态的改变与重力、空气阻力和地面对它的作用力有关。

空气阻力可分为空气静止阻力和风力两部分。前者的产生是由于汽车与空气的相对运动，该力的等效力在汽车上的作用点称为风压中心。为了确保汽车的稳定，车身的风压中心应处于汽车质心的后方，其原理与摆的稳定的机理相同。后者的产生则是由于空气的运动，其方向和大小具有一定的随机性。

空气阻力：

$$F_w=\frac{C_D A U^2}{21.15} \tag{2-1}$$

其中：C_D 为车身空气阻力系数；A 为车身迎风面积；U 为汽车行驶速度。

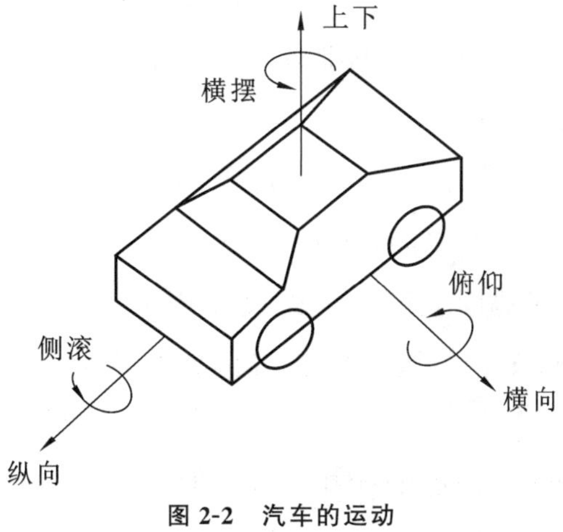

图 2-2　汽车的运动

为了降低车身空气阻力系数，要求车身的形状具有良好的流线型。一般难以建立汽车的空气阻力模型，没有这种力的解析表达式，通常在数值计算中引入这种作用。在现有的横向动力学分析中，主要考虑的是横向阵风的作用。

汽车与地面接触产生压力，又因汽车与地面之间存在相对运动或相对运动的趋势，从而产生摩擦力。为了把握这种摩擦力的本质，通常把地面作用于轮胎的力分为：静态力、动态力、随机力，并分别建模。现有的大量研究表明，轮胎力具有明显的非线性特性，在大转角的情况下对车辆的动力学特性有显著的影响。

轮胎力的随机性表现在两个方面：横向力和垂向力。其中，人们已经开始重视垂向力的随机性对车身铅垂方向运动的影响，并在汽车悬架系统的设计中考虑了这一因素。而横向力的随机性在汽车横向力的研究中还考虑得较少。尽管人们对这种随机性的存在没有异议，但由于对它产生的机制缺乏了解，尚无法提出具有说服力的假设。

显然，所有可能影响轮胎与地面之间的相对运动或相对运动趋势的因素，都会对摩擦力的大小和方向产生影响。在这些因素中，几何方面有：轮胎与地面的相对位置，如地面的高低不平；运动方面有：汽车的不同行驶状态，如加速、减速、起动、刹车、转弯等。此外，还有轮胎气压、轮胎材料等。

所有上述因素中，几何因素的影响是最易改变和利用的。一方面，人们通过调整轮胎与地面之间的相对位置，即车轮定位，利用摩擦力来提高汽车的行驶性能。车轮定位包括：主销后倾（提高汽车的行驶稳定性），车轮前束（使汽车有更好的保持直线行驶的能力），主销内倾及轮胎外倾（使汽车转向方便灵活）。另一方面，司机通过调节转向角，改变地面作用在轮胎上力的方向，从而实现对汽车姿态的控制。轮胎的力学特征对汽车动力学有如此重要的影响，所以在汽车四轮转向数学模型的建立过程中，应对轮胎的非线性加以充分考虑。

（2）轮胎的受力分析和模型选择

轮胎的受力如图 2-3 所示。汽车在行驶的过程中，由于路面的侧向倾斜、外界侧向风或汽车曲线行驶等原因，车轮中心沿 Y 轴方向将作用有侧向力 F_y，F_y 也称侧偏力。相应地，在地面上产生地面反作用力 F'_y。当车轮有侧向弹性时，即使 F_y 没达到附着极限，车轮行驶方向亦将偏离车轮平面的前进方向，这就是车轮的侧偏现象。

在汽车转向的过程中，地面的作用力 F_y 即为作用于汽车的横向力，是汽车进

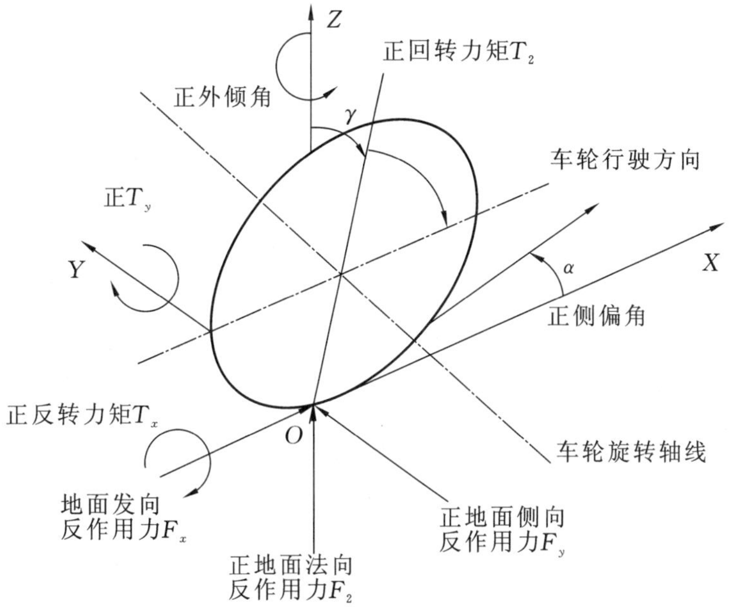

图 2-3 轮胎坐标系与地面作用于轮胎的力和力矩

行转向运动的驱动力，F_y 的大小与侧偏角 α 有关。

国内外提出的轮胎横向力模型主要有以下几种：

① 线性模型

$$F_i = C_i \alpha_i, \quad (i = f, r) \tag{2-2}$$

在侧偏角较小时，侧偏力与侧偏角可看成线性关系，但当侧偏角超过 5°时，上述模型就不适用了，现有的研究一般都采用该模型。

② 立方非线性模型(对称性)

$$\begin{cases} F_f = -(C_{1f}\alpha_f - C_{3f}\alpha_f^3) \\ F_r = -(C_{1r}\alpha_r - C_{3r}\alpha_r^3) \end{cases} \tag{2-3}$$

其中 C_{if}、C_{if}($i=1,3$)为轮胎角刚度系数。由于轮胎具有软特性，公式中的系数均为正值。

③ 线性饱和模型(简化的 Dugof 模型)

$$\begin{cases} F_{wx} = fC_x(1-r) \\ F_{wy} = fC_\alpha \alpha \\ F_w = \sqrt{F_{wx}{}^2 + F_{wy}{}^2} \end{cases} \tag{2-4}$$

其中：

$$f=\begin{cases}1 & F_w\leqslant\dfrac{\mu_0 F_n}{2}\\ (2-\lambda)^{\lambda} & F_w>\dfrac{\mu_0 F_n}{2}\end{cases}$$

$$\lambda=\frac{\mu_0 F_n}{2\left[C_x\ (r-1)^2+(C_y\alpha)^2\right]^{\frac{1}{2}}},\quad r=\frac{V}{R_1\omega}$$

式中，F_{wx}，F_{wy} 分别为横向力在轮胎自身坐标平面中 X、Y 轴上的投影；F_n 为轮胎承受的载荷；μ_0 为摩擦系数；C_x，C_y，C_α 为轮胎角刚度系数。

④ 非线性饱和模型

a. Smith 和 Starkey 提出的非线性饱和模型

$$\begin{cases}F=-F_{\max}\left[\left(\dfrac{\beta}{\beta_{\max}}\right)^3+1\right],\beta>\beta_{\max}\\ F=-F_{\max},0\leqslant\beta\leqslant\beta_{\max}\end{cases}\tag{2-5}$$

其中：

$$F_{\max}=\sqrt{(\mu w)^2-F_x}$$

式中，β 是饱和侧滑力对应的侧滑角，$F_{\max}$是最大侧滑力，μ 是摩擦系数，w 是轮胎垂直方向的负荷，F_x 是牵引力。

b. Ellis 公式

$$\begin{cases}F'=\dfrac{3\mu Z}{2\alpha_m}\alpha-\dfrac{\alpha^3}{3\alpha_m^2}, & \alpha<\alpha_m\\ F'=\mu Z, & \alpha\geqslant\alpha_m\end{cases}\tag{2-6}$$

式中，μ 为轮胎与干燥路面的静摩擦系数；Z 为轮胎所受的垂直载荷；α_m 为最大侧滑力所对应的侧滑角。

⑤ Magic Formula 公式

$$\begin{cases}Y_{f,r}=-D\sin[C\tan^{-1}(B\alpha_{f,r})]\\ B=\dfrac{BCD}{CD}\\ C=a_0\\ D=a_1F_{z(f,r)}^2+a_2F_{z(f,r)}\\ F_{z(f,r)}=\dfrac{mgl_{r,f}}{2l}\\ BCD=a_3\sin[a_4\tan^{-1}(a_5F_{z(f,r)})]\end{cases}\tag{2-7}$$

式中：m 为汽车的质量(kg)；l 为汽车前后轮的距离(m)；l_f 为汽车质心距前轮的距离(m)；l_r 为汽车质心距后轮的距离(m)。

在上述模型中，Magic Formula 公式能够突出反映侧偏力与侧偏角的非线性关系，虽然形式比较复杂，但是由于神经网络辨识和控制模型并不需要十分精确的数学模型，所以从整体建模上考虑，采用 Magic Formula 模型可以满足研究需要。在以后的讨论中，本书将采用横向力的 Magic Formula 公式来建立汽车四轮转向系统的非线性模型。

(3) 司机模型的选择

在四轮转向的系统中，另一个需要考虑的重要因素是司机对汽车的控制行为。从 20 世纪 50 年代 Segel 发表三自由度汽车转向模型后，汽车动力学研究已取得许许多多的成果。但由于缺乏对司机控制行为特征的了解，司机对汽车动力学的影响常常被忽略，导致引用这些成果存在本质的困难。因此，研究者提出不少不同的司机模型用于汽车-司机闭环系统的研究。司机对汽车运动状态的影响，是通过施加转向角，改变车轮的侧滑角，从而调节地面作用于轮胎的侧向力来实现的。然而，要准确地定量描述司机的行为，并非易事。因为司机的行为不仅受客观因素的影响，如所驾车辆、天气、路面情况等，还受司机自身个体因素的影响，如驾驶经验、生理状态等。

为更准确地描述汽车的运动，人们相继建立了一些模型来描述司机对汽车运动方向的调节作用。各种模型的基本思想都可用图 2-4 来表示。

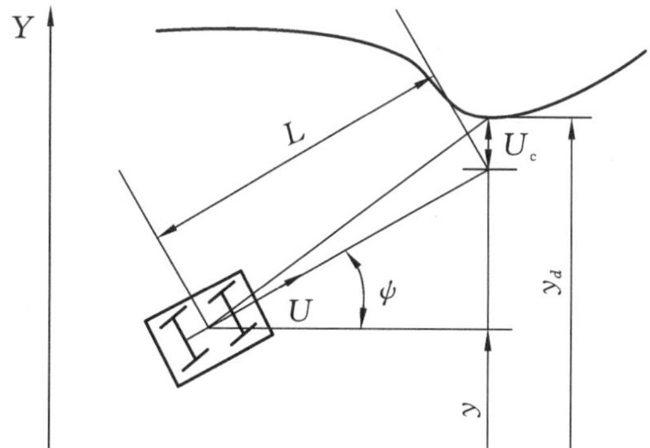

图 2-4 司机转向决策示意图

由上图可看出，在改变路径的过程中，司机不断根据目测结果和对汽车运动状态的感觉，做出判断并进行调节。基本的几何关系可粗略地表示为：

$$y+L\sin[\psi+f(\delta,\delta,\cdots)]=y_d \tag{2-8}$$

其中，$f(\delta,\delta,\cdots)$为司机的期望的调节量，它不仅可能与汽车当前的状态量有关，还可能与汽车以前的状态量有关。

在汽车动力学分析中常用的司机模型有以下 6 种：

模型 a：

$$\delta(t)=k\left[\frac{x_{lat}-y(t-t_r)}{L}-\psi(t-t_r)\right],\quad |\delta|<3^\circ \tag{2-9}$$

为简化对这种时滞行为的描述和分析，以及建立合适的控制模型，人们采用了模型 b。

模型 b：

$$\delta_p=-\left[\frac{K}{T_r}\left(y+\frac{L}{U}y\right)+\frac{\delta_p}{T_r}\right] \tag{2-10}$$

其中，T_r 为视觉时滞的时间常数。这种模型不能反映司机的全部响应，比如：随着司机熟练程度的提高，对车辆的转向越不易失去控制，为此，Tousi 等(1992 年)作了如下的修正：

$$K=\frac{C_1}{C_2+L} \tag{2-11}$$

上式中 L 为视觉预视距离，C_1，C_2 为拟和常数。

模型 c：

$$\begin{cases}U_e(t+T_p)=Y_d(t+T_p)-Y(t)-\dfrac{L}{V}Y(t)\\ \delta(t)+T_s\delta(t)=K_m(t)U_e(t+T_d)\end{cases} \tag{2-12}$$

合并两式可得：

$$\delta=-\left\{\frac{K_m}{T_s}\left[-Y_d(t+T_d)+Y(t-T)+\frac{L}{V}Y(t-T)\right]+\frac{\delta(t)}{T_s}\right\} \tag{2-13}$$

其中：

$$T=T_p-T_d$$

式中，T_p 为预观测时间，T_s 为转向机构的时间常数，T_d 为司机的行为时滞，L 为预观测距离，V 是汽车行驶的速度，K_m 为司机转向增益，Y_d 为目标路径，U_e 为期望的位移与实际位移间的差距。

模型 d(Legouis 1987 年)：

$$\delta = h_1 y(t-T_r) + h_2 \psi(t-T_r) + h_3 y(t-T_r) + h_4 \psi(t-T_r) \tag{2-14}$$

低频简化为：

$$\delta = h_1 y(t-T_r) + h_3 y(t-T_r) \tag{2-15}$$

模型 e：

$$\delta_s = \frac{1}{GR}\left[K_r C_r + \frac{T_L s+1}{T_l s+1}(K_\psi \Delta\psi + K_y \Delta y)e^{-TS}\right] \tag{2-16}$$

式中，δ_s 为车轮转向角，C_r 为路面曲率，$\Delta\psi$ 为车头偏转角度，Δy 为车辆横向位移，s 为 Laplace 变换，K_r、K_ψ、K_y、T_L、T_l 为司机模型参数。

模型 f：

$$T_r \delta_f + \delta_f = -K\left[\eta(t) + \frac{L}{V_x}\eta(t)\right] \tag{2-17}$$

式中，L 为预观测距离（正比于前进速度的平方），T_r 为司机响应的时滞，V_x 为车速，$\eta(t)$ 为汽车与期望的路径之间的距离。

上述这些司机模型大致分为两类：补偿跟踪模型和预观跟踪模型。预观跟踪模型同补偿跟踪模型相比，因为引入了未来路径的信息作为输入，能获得很好的跟踪精度，而补偿跟踪模型可视为预观跟踪模型的特例。在本节中将选择模型 b (2-10)进行讨论。这种选择基于以下两点考虑：

① 模型 b 能够比较充分地反映司机在预观测距离 L 的情况下对车辆转向的调节，可以通过选择时滞参数 T 和增益参数 K 来模拟司机对转向的调节行为；

② 模型 b 避免导致整个非线性模型的讨论过程过于复杂，更容易看清问题的实质。

(4) 四轮转向控制方式的选取

四轮转向的控制方式，分为以下几类：

① 前后轮的转向完全由司机控制

比例转向：

$$\delta_r = K\delta_f \tag{2-18}$$

时滞控制：

$$\delta_r(s) = \frac{K}{1+\tau s}\delta_f(s) \Rightarrow \delta(t) = \frac{1}{\tau}\left[K\delta_f(t) - \delta_r(t)\right] \tag{2-19}$$

反相控制：

$$\delta_r(s)=(K-T_s)\delta_f(s)\Rightarrow\delta_r(t)=K\delta_f(t)-T\delta_f(t) \tag{2-20}$$

开环 4WS 转向：

$$K=\frac{-b+\dfrac{ma}{C_{\alpha r}(a+b)}V_x^2}{a+\dfrac{mb}{C_{\alpha f}(a+b)}V_x^2} \tag{2-21}$$

② 后轮主动转向：

$$\delta_r=-\frac{K_f}{K_r}\delta_f+\frac{2(l_fK_f-l_rK_r)+mV^2}{2K_rV}\gamma \tag{2-22}$$

$$\delta_r=-C_f\delta_f+C_2U_{0r}$$

式中，γ 为偏移率。

③ 司机和控制器同时对前后轮的转向起作用

$$\begin{cases}\delta_f=\delta_f(\delta_s,\delta_c)\\ \delta_r=\delta_r(\delta_s,\delta_c)\end{cases} \tag{2-23}$$

δ_f，δ_r 中 δ_s 能控制的份额越少，该四轮转向系统对司机调节行为的依赖越小。

如果按四轮转向的真车实现来分类，则有以下几种：

① 本田 4WS 系统：机械式；

② 马自达 4WS 系统：机械＋电子控制；

③ 丰田复式 4WS 系统：机械＋电子控制；

④日产 HICAS：电子控制液压工作方式；

⑤三菱 4WS 系统：液压控制液压工作方式；

⑥本田 E-4WS 系统：电子控制工作方式。

在上述的控制方式中，比例转向控制关系简单明了。为便于从整体上研究系统的行为，突出系统所具有的非线性特性，以下采用比例控制来讨论 4WS 非线性模型。

2.1.2 汽车四轮转向系统非线性模型的建立

为了建立司机控制行为下的汽车四轮转向非线性运动模型及其微分方程组。首先确定四轮转向的方式。为了便于讨论，采用比例四轮转向控制方式，即后桥转向角始终与前桥转向角对应：

$$\delta_r = k_p \delta_f \tag{2-24}$$

式中，系数 k_p 有如下含义：

$$\begin{cases} k_p > 0, \text{同向转向（后轮与前轮方向相同）；} \\ k_p < 0, \text{反向转向（后轮与前轮方向相反）。} \end{cases}$$

然后对模型作如下假设：汽车的质量 m 对称分布于四个车轮上，汽车 z 轴转动惯量为 I_z，沿汽车运动迹线切线方向前进速度定常，并设为 U，图中的 $y(t)$ 为汽车瞬间重心离 y 轴的距离，其余如图 2-5 所示。各参数含义及数值如表 2-1 所示。

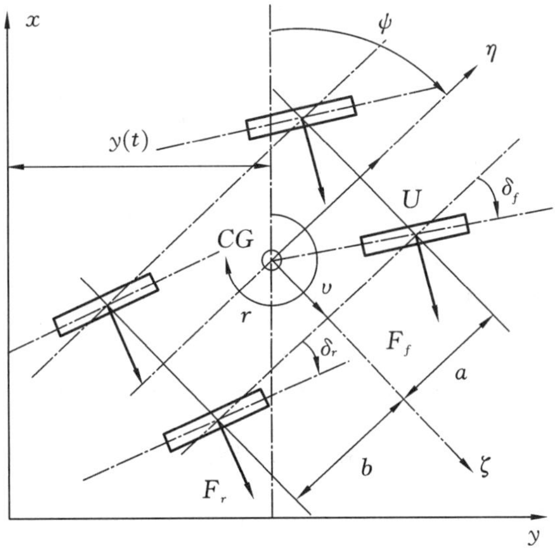

图 2-5 四轮转向汽车模型

表 2-1 某 4WS 汽车参数

参数含义	符号	参数值
前轮横向力	F_f	
后轮横向力	F_r	
重心	CG	
固定坐标系	x-y	
随体坐标系	η-ξ	
汽车纵向速度	U	
汽车横向速度	v	

续表2-1

参数含义	符号	参数值
随体坐标系与 x 轴夹角	ψ	
汽车偏转角速度	r	
前轴至重心距离	a	1.48m
后轴至重心距离	b	1.92m
轴距	l	3.4m
前轮转向角	δ_f	
后轮转向角	δ_r	
汽车质量	m	1640kg
汽车 Z 轴转动惯量	I_z	2720kg・m²
轮胎角刚度系数	$C_{1f}=C_{3f}$	33.02kN/rad
轮胎角刚度系数	$C_{1r}=C_{3r}$	55.83kN/rad
驾驶者在前方可观测距离	L	50m
视觉延时	T_r	0.5s

图 2-5 所示的动力系统的运动方程可用横向速度 v 和偏转角速度 r 表示，得到车体运动的动力方程：

$$\left.\begin{aligned} m(\dot{v}+Ur)&=2F_f\cos\delta_f+2F_r\cos\delta_r \\ I_z\dot{r}&=2aF_f\cos\delta_f-2bF_r\cos\delta_r \end{aligned}\right\} \tag{2-25}$$

本模型中，横向力 F_f 和 F_r 是轮胎物理特性以及侧滑角($\alpha_f+\alpha_r$)的函数，如图 2-6 所示。这两个侧滑角可用如下所示的简单的几何关系得到。

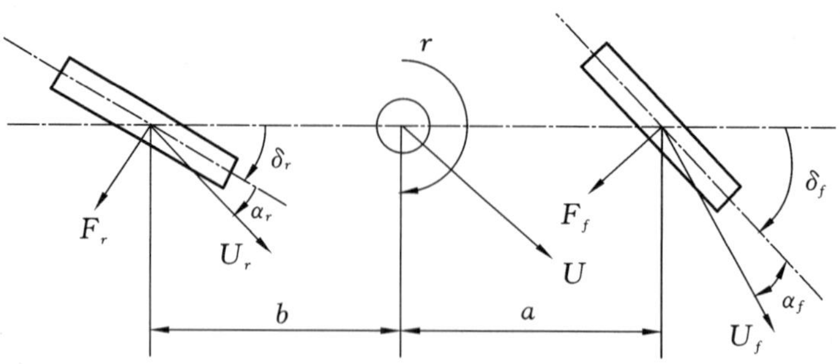

图 2-6 侧滑角与横向力的关系

侧偏力可由 α_f 和 α_r 的三次多项式表示如下：

$$\left.\begin{aligned} F_f &= -(C_{1f}\alpha_f - C_{3f}\alpha_f^3) \\ F_r &= -(C_{1r}\alpha_r - C_{3r}\alpha_r^{\ 3}) \end{aligned}\right\} \tag{2-26}$$

式中 C_{if}、$C_{ir}(i=1,3)$分别为前后轮胎角刚度系数，α_f、α_r 分别为前后轮胎侧偏角。

$$\left.\begin{aligned} \alpha_f &= \arctan\left(\frac{v+ar}{U}\right) - \delta_f \\ \alpha_r &= \arctan\left(\frac{v-br}{U}\right) - \delta_r \end{aligned}\right\} \tag{2-27}$$

在固定坐标系中，用(x,y)表示重心 G 的位置，有如下关系：

$$\left.\begin{aligned} \dot{y} &= v\cos\psi + U\sin\psi \\ \dot{\psi} &= r \end{aligned}\right\} \tag{2-28}$$

引入司机对汽车调整控制模型，当驾驶者在前方可视距离 L 内发现汽车对于路的中心线有一个横向偏移时，力图对汽车施加 $\delta_p(t)$ 的转向角以调整汽车减小偏移。引入回路放大系数 K，视觉延时 T_r，则该模型可表示为控制参量的微分方程。

$$\dot{\delta} = -\left[\frac{K}{T_r}\left(y + \frac{L}{U}\dot{y}\right) + \frac{\delta_p}{T_r}\right] \tag{2-29}$$

引入 $\delta_d(t)$，表示外界对前轮的周期性扰动，源自周期性的路面横向变形，或者是转向机构的影响。

$$\delta_d(t) = Q\cos(\omega_d t) \tag{2-30}$$

Q 表示扰动的幅度，ω_d 表示扰动的角频率。

设最终作用于前轮的转向角为 $\delta_f(t)$，作用于后轮的转向角为 $\delta_r(t)$，则：

$$\left.\begin{aligned} \delta_f &= \delta_p + \delta_d \\ \delta_r &= k_p(\delta_p + \delta_d) \end{aligned}\right\} \tag{2-31}$$

综合以上各式得到如下系统表达式：

$$\dot{X} = f(X,\gamma),\ X \in R^5,$$

其中：

$$X = (x_1, x_2, x_3, x_4, x_5)' = (v, r, y, \psi, \delta_p)'$$

$$\left.\begin{aligned}
&f_1=\frac{2}{m}[F_f\cos(x_5+Q\cos(\omega_d t))+F_r\cos(k_p(x_5+Q\cos(\omega_d t)))]-Ux_2\\
&f_2=\frac{2}{I_z}[aF_f\cos(x_5+Q\cos(\omega_d t))-bF_r\cos(k_p(x_5+Q\cos(\omega_d t)))]\\
&f_3=x_1\cos x_4+U\sin x_4\\
&f_4=x_2\\
&f_5=-\frac{1}{T_r}\left[Kx_3+\frac{KL}{U}x_1\cos x_4+KL\sin x_4+x_5\right]
\end{aligned}\right\}\tag{2-32}$$

式中 γ 表示所有的物理参量$(m,I_z,\cdots)$，F_f 和 F_r 由式(2-26)给定，其中的 α_f 和 α_r 计算公式如下：

$$\left.\begin{aligned}
&\alpha_f=\arctan\left(\frac{x_1+ax_2}{U}\right)-[x_5+Q\cos(\omega_d t)]\\
&\alpha_r=\arctan\left(\frac{x_1-bx_2}{U}\right)-k_p[x_5+Q\cos(\omega_d t)]
\end{aligned}\right\}\tag{2-33}$$

2.2 4WS 汽车 Hopf 分岔的计算

2.2.1 非线性模型 Taylor 展开式

现在考虑系统在自治情况下的 Hopf 分岔行为，则系统中作用于前轮的周期横向扰动 $\delta_d(t)$为 0，作用于前轮的转向角为 $\delta_p(t)$，后轮的转向角为 $k_p\delta_p(t)$。

在直线运动的情形下，起点 $X_e=(0,0,0,0,0)^t$ 显然是这个系统的一个平衡点。

$$\dot{X}=f(X,\gamma),\quad X\in R^5\tag{2-34}$$

因为 $f(-X,\gamma)=-f(X,\gamma)$，系统模型具有奇函数性质，其多元的 Taylor 展开中不含偶数次 X_i 的项。

为了分析系统的稳定性，系统对 X_i 在 X_e 附近展开为多元的 Taylor 三次展开式为：

$$\dot{X}=A(\gamma)X+g(X,\gamma)+o(|X|^5)\tag{2-35}$$

其中 $A(\gamma)$ 是非线性函数 $f(X,\gamma)$ 在平衡点 X_e 附近计算而得的雅可比矩阵：

$$A(\gamma)=\begin{pmatrix} -\dfrac{2(C_{1f}+C_{1r})}{mU} & -U+\dfrac{2(-aC_{1f}+bC_{1r})}{mU} & 0 & 0 & \dfrac{2(C_{1f}+C_{1r}k_p)}{m} \\ \dfrac{2(-aC_{1f}+bC_{1r})}{I_zU} & \dfrac{2(-a^2C_{1f}-b^2C_{1r})}{I_zU} & 0 & 0 & \dfrac{2(aC_{1f}-bC_{1r}k_p)}{I_z} \\ 1 & 0 & 0 & U & 0 \\ 0 & 1 & 0 & 0 & 0 \\ -\dfrac{KL}{UT_r} & 0 & -\dfrac{K}{T_r} & -\dfrac{KL}{T_r} & -\dfrac{1}{T_r} \end{pmatrix}$$

$g(X,\gamma)$ 中仅含有三次非线性项 X_i：

$g(X,\gamma)=$

$$\begin{pmatrix} a_1x_1^3+a_2x_2^3+a_3x_5^3+a_4x_1^2x_2+a_5x_1^2x_5+a_6x_2^2x_1+a_7x_2^2x_5+a_8x_5^2x_1+a_9x_5^2x_2+a_{10}x_1x_2x_5 \\ b_1x_1^3+b_2x_2^3+b_3x_5^3+b_4x_1^2x_2+b_5x_1^2x_5+b_6x_2^2x_1+b_7x_2^2x_5+b_8x_5^2x_1+b_9x_5^2x_2+b_{10}x_1x_2x_5 \\ c_1x_4^3+c_2x_4^2x_1 \\ 0 \\ d_1x_4^3+d_2x_4^2x_1 \end{pmatrix}$$

其中：

$$a_1=\frac{2(C_{1f}+C_{1r}+3C_{3f}+3C_{3r})}{3mU^3},$$

$$a_2=\frac{2(a^3C_{1f}-b^3C_{1r}+3a^3C_{3f}-3b^3C_{3r})}{3mU^3},$$

$$a_3=\frac{-C_{1f}-C_{1r}k_p^3-3C_{3r}k_p^3}{m},$$

$$a_4=\frac{2(aC_{1f}-bC_{1r}+3aC_{3f}-3bC_{3r})}{mU^3},$$

$$a_5=\frac{2(-3C_{3f}-3C_{3r}k_p)}{mU^2},$$

$$a_6=\frac{2(a^2C_{1f}+b^2C_{1r}+3a^2C_{3f}+3b^2C_{3r})}{mU^3},$$

$$a_7=\frac{2(-3a^2C_{3f}-3b^2C_{3r}k_p)}{mU^2},$$

$$a_8=\frac{C_{1f}+C_{1r}k_p^2+6C_{3f}+6C_{3r}k_p^2}{mU},$$

$$a_9=\frac{aC_{1f}-bC_{1r}k_p^2+6aC_{3f}-6bC_{3r}k_p^2}{mU},$$

$$a_{10}=\frac{2(-6aC_{3f}+6bC_{3r}k_p)}{mU^2},$$

$$b_1=\frac{2(a(C_{1f}+3C_{3f})+b(-C_{1r}-3C_{3r}))}{3I_zU^3},$$

$$b_2=\frac{2(a^4C_{1f}+3a^4C_{3f}+b^4C_{1r}+3b^4C_{3r})}{3I_zU^3},$$

$$b_3=\frac{-aC_{1f}+bC_{1r}k_p^3+2C_{3r}k_p^3)}{I_z},$$

$$b_4=\frac{2(a^2(C_{1f}+3C_{3f})+b^2(C_{1r}+3C_{3r}))}{I_zU^3},$$

$$b_5=\frac{2(-3aC_{3f}+3bC_{3r}k_p)}{I_zU^2},$$

$$b_6=\frac{2(a^3(C_{1f}+3C_{3f})-b^3(C_{1r}+3C_{3r}))}{I_zU^3},$$

$$b_7=\frac{2(-3a^3C_{3f}+3b^3C_{3r}k_p)}{I_zU^2},$$

$$b_8=\frac{a(C_{1f}+6C_{3f})+b(-C_{1r}k_p^2-6C_{3r}k_p^2)}{I_zU},$$

$$b_9=\frac{a^2(C_{1f}+6C_{3f})+b^2(C_{1r}k_p^2+6C_{3r}k_p^2)}{I_zU},$$

$$b_{10}=\frac{2(-6a^2C_{3f}-6b^2C_{3r}k_p)}{I_zU^2},$$

$$c_1=-\frac{U}{6},c_2=-\frac{1}{2},d_1=-\frac{KL}{6T_r},d_2=-\frac{KL}{2UT_r}$$

2.2.2 4WS 汽车的 Hopf 分岔计算

设 $A(\gamma)$的特征多项式为：

$$\lambda^5+a_1\lambda^4+a_2\lambda^3+a_3\lambda^2+a_4\lambda+a_5=0 \tag{2-36}$$

$$\det(\lambda I-A)=\begin{vmatrix} \lambda-a_{11} & -a_{12} & 0 & 0 & -a_{15} \\ -a_{21} & \lambda-a_{22} & 0 & 0 & -a_{25} \\ -1 & 0 & \lambda & -U & 0 \\ 0 & -1 & 0 & \lambda & 0 \\ -a_{51} & 0 & -a_{53} & -a_{54} & \lambda-a_{55} \end{vmatrix}=0 \qquad (2\text{-}37)$$

$a_{ij}(i,j=1\cdots5)$为 A 中对应的项。

联立式(2-36)、(2-37)得：

$$\left.\begin{aligned} a_1&=-a_{11}-a_{22}-a_{55} \\ a_2&=a_{11}a_{22}+a_{11}a_{55}+a_{22}a_{55}-a_{12}a_{21}-a_{15}a_{51} \\ a_3&=a_{12}a_{21}a_{55}+a_{15}a_{22}a_{51}-a_{11}a_{22}a_{55}-a_{12}a_{25}a_{51}-a_{15}a_{53}-a_{25}a_{54} \\ a_4&=a_{11}a_{25}a_{54}+a_{15}a_{22}a_{53}-a_{12}a_{25}a_{53}-a_{15}a_{21}a_{54}-a_{25}a_{53}U \\ a_5&=a_{11}a_{25}a_{53}U-a_{15}a_{21}a_{53}U \end{aligned}\right\} \qquad (2\text{-}38)$$

构建 Hurwitz 行列式：

$$\Delta_j=\begin{vmatrix} a_1 & 1 & \cdots & 0 \\ a_3 & a_2 & \cdots & 0 \\ \vdots & \vdots & & \vdots \\ a_{2j-1} & a_{2j-2} & \cdots & a_j \end{vmatrix} \qquad (2\text{-}39)$$

式中，如果 $j>5$，则 $a_j=0$。

当 $U>0$ 时，由式(2-39)得：

$$\left.\begin{aligned} \Delta_1&=a_1 \\ \Delta_2&=a_1a_2-a_3 \\ \Delta_3&=a_1a_2a_3-a_1^2a_4-a_3^2 \\ \Delta_4&=a_1a_2a_3a_4-a_1a_2^2a_5-a_1^2a_4^2+2a_1a_4a_5-a_3^2a_4+a_2a_3a_5-a_5^2 \end{aligned}\right\} \qquad (2\text{-}40)$$

根据文献[6]定理 1，实系数代数方程(2-35)有一对纯虚根$\pm\omega i$，且其余 3 个根均具有负实部的充分必要条件是：

$$a_1>0,a_2>0,\cdots,a_j>0,\quad j=1,2,\cdots,5 \text{ 且 } \Delta_{n-1}=0,\Delta_i>0\ (i=n-3,n-5,\cdots) \qquad (2\text{-}41)$$

取 $k_p=-0.02, Q=0.08, k=0.005$，将各参数值代入 $\Delta_{n-1}=0$，解方程得到速度 U 的 8 个解，其中具有物理意义的失稳速度是：$U=87.8411\text{m/s}$。

将 U 的值代入式(2-38)、(2-40)得：

$$a_1=5.5617, a_2=52.707, a_3=91.801, a_4=33.842,$$
$$a_5=57.329, \Delta_1=5.5617, \Delta_2=201.34, \Delta_3=17437$$

上述各值都大于零，符合文献[8]定理 1 的条件，系统发生 Hopf 分岔。

2.2.3 4WS 汽车 Hopf 分岔类型判定

将各参数及分岔点速度 $U=87.8411\text{m/s}$ 代入式 $A(\gamma)$ 和 $g(X,\gamma)$ 得：

$$A=\begin{bmatrix} -1.2335 & -87.031 & 0 & 0 & 38.907 \\ 0.4882 & -2.3282 & 0 & 0 & 37.510 \\ 1 & 0 & 0 & 87.8411 & 0 \\ 0 & 1 & 0 & 0 & 0 \\ -0.005692 & 0 & -0.010 & -0.5000 & -2 \end{bmatrix} \tag{2-42}$$

$$g(X)=$$
$$\begin{bmatrix} 0.00021x_1^3-0.00069{x_2}^3-20.1333{x_5}^3-0.00042x_1^2x_2-0.0151x_1^2x_5+0.0020x_2^2x_1 \\ -0.0323x_2^2x_5+1.6056x_5^2x_1+2.3725x_5^2x_2-0.0484x_1x_2x_5 \\ -0.000084x_1^3+0.0013{x_2}^3-17.9507{x_5}^3+0.0012x_1^2x_2-0.0146x_1^2x_5-0.0013x_2^2x_1 \\ -0.0329x_2^2x_5+1.4305x_5^2x_1+2.1214x_5^2x_2-0.0390x_1x_2x_5 \\ -14.6402{x_4}^3-0.5x_4^2x_1 \\ 0 \\ -0.0833{x_4}^3-0.0028x_4^2x_1 \end{bmatrix} \tag{2-43}$$

在分岔点处计算导算子的 5 个特征值，

$$(\lambda_1,\lambda_2,\lambda_3,\lambda_4,\lambda_5)$$
$$=(-1.8010+6.4616\text{i}, -1.8010-6.4616\text{i}, 0.8063\text{i}, -0.8063\text{i}, -1.9598) \tag{2-44}$$

特征值对应的特征向量的实部和虚部构成的方阵如下：

$$T=\begin{bmatrix}0.9968 & 0 & 0.3398 & -0.0092 & -0.9111\\ 0.0064 & -0.0740 & -0.0070 & -0.0031 & -0.0023\\ 0.0240 & -0.0130 & 0.9406 & 0 & 0.4120\\ -0.0109 & 0.0020 & -0.0039 & 0.0087 & 0.0012\\ -0.0001 & 0.0001 & -0.0048 & -0.0002 & 0.0118\end{bmatrix} \tag{2-45}$$

得到方程组：

$$\begin{bmatrix}\dot{y}_1\\ \dot{y}_2\\ \dot{y}_3\\ \dot{y}_4\\ \dot{y}_5\end{bmatrix}=\begin{bmatrix}-1.8010 & 6.4616 & 0 & 0 & 0\\ -6.4616 & -5.4390 & 0 & 0 & 0\\ 0 & 0 & 0 & 0.8063 & 0\\ 0 & 0 & -0.8063 & 0 & 0\\ 0 & 0 & 0 & 0 & -1.9598\end{bmatrix}\begin{bmatrix}y_1\\ y_2\\ y_3\\ y_4\\ y_5\end{bmatrix}+\begin{bmatrix}h_1(y)\\ h_2(y)\\ h_3(y)\\ h_4(y)\\ h_5(y)\end{bmatrix} \tag{2-46}$$

其中，$h_i(y)(i=1,2,3,4,5)$包含 y_1、y_2、y_3、y_4、y_5 非线性部分。

根据中心流形定理，设：

$$\begin{pmatrix}y_1\\ y_2\\ y_5\end{pmatrix}=\begin{pmatrix}h_{11}y_3^3+h_{12}y_3^2y_4+h_{13}y_3y_4^2+h_{14}y_4^3\\ h_{21}y_3^3+h_{22}y_3^2y_4+h_{23}y_3y_4^2+h_{24}y_4^3\\ h_{51}y_3^3+h_{52}y_3^2y_4+h_{53}y_3y_4^2+h_{54}y_4^3\end{pmatrix} \tag{2-47}$$

将 y_1、y_2、y_5 代入 y_3、y_4 的方程中，不难发现，只要有 y_1,y_2,y_5 出现的地方，就会导致出现形如 $y_3^p y_4^q$ 的项，且 $p+q\geqslant 5$，这样将被归入 $o(|Y_1,Y_2,Y_5|^5)$中。因此不用确定 $h(y_3)$、$h(y_4)$中的各项系数。则方程(2-46)化为：

$$\left.\begin{aligned}\dot{y}_3=&0.8063y_4-0.0000059y_3^3+0.0000041y_3^2y_4-0.00000018y_3y_4^2\\ &-0.0000065y_4^3+o(|y_3,y_4|^5)=U(y_3,y_4)+o((|y_3,y_4|^5)\\ \dot{y}_4=&-0.8063y_3+0.000091y_3^3+0.0000056y_3^2y_4-0.00000013y_3y_4^2\\ &-0.0000078y_4^3+o(|y_3,y_4|^5)=V(y_3,y_4)+o(|y_3,y_4|^5)\end{aligned}\right\} \tag{2-48}$$

显然 $\omega=0.8063$，将其值及式(2-48)求偏导后结果代入文献[8]的分岔稳定性指标：

$$\begin{aligned}a=&\frac{1}{16}(U_{y_3y_3y_3}+U_{y_3y_4y_4}+V_{y_3y_3y_4}+V_{y_4y_4y_4})\Big|_{(0,0)}\\ &+\frac{1}{16\omega}\left[\begin{matrix}U_{y_3y_4}(U_{y_3y_3}+U_{y_4y_4})-V_{y_3y_4}(V_{y_3y_3}+V_{y_4y_4})\\ -U_{y_3y_3}V_{y_3y_3}+U_{y_4y_4}V_{y_4y_4}\end{matrix}\right]\Bigg|_{(0,0)}\end{aligned} \tag{2-49}$$

解得：$a=-0.0000046<0$，故系统(2-34)发生超临界 Hopf 分岔，出现稳定的极限环。

2.3 4WS 汽车的动力学特性仿真

2.3.1 四轮转向系统的稳定性数值仿真

根据表 2-1 车辆，选取有关车辆结构参数及运动参数，利用 MATLAB 软件，通过对引入司机控制行为下的汽车四轮转向系统人-车-路闭环非线性动力学模型的数值仿真，参数选取如表 2-1 所示，另取 $Q=0.08$，$w=1$，$k=0.005$，$U=87.8411\text{m/s}$，系统初始值设为 $X=(0.1,0.1,0.1,0,0.1)^{\mathrm{T}}$，四轮转向和前轮转向的仿真结果如下：

(1) 四轮转向与前轮转向汽车横向速度的比较

比较图 2-7、图 2-8 可见，四轮转向的汽车振动幅度和频率大，振幅衰减快，趋于稳定性的相应时间短。

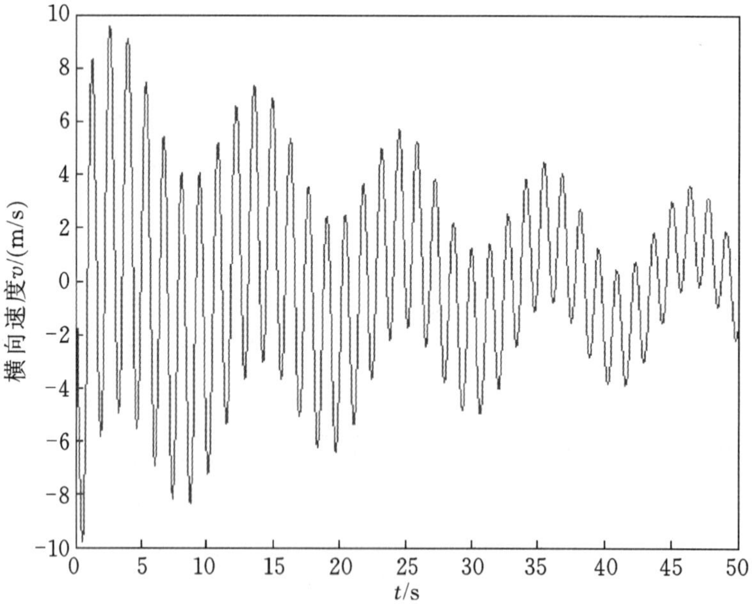

图 2-7 前轮转向汽车横向速度相应曲线($K_p=0$)

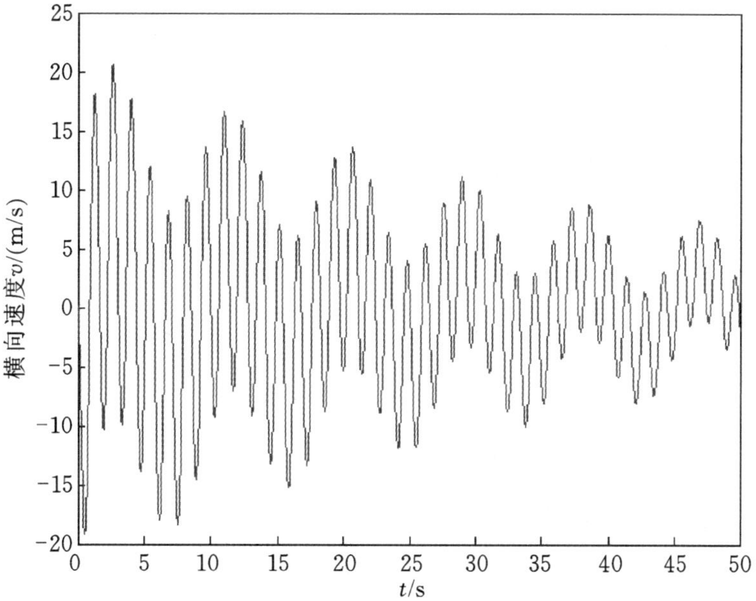

图 2-8 四轮转向汽车横向速度相应曲线($K_p=-0.5$)

(2) 四轮转向汽车不同重心位置的比较($K_p=-0.02$)

比较图 2-9～图 2-11 可见，汽车的偏转角速度、侧偏角和前轮转向角与重心的位置密切相关，重心的位置甚至影响它们的变化趋势。当 a 较小时，它们呈增长趋势；当 a 较大时，它们呈减小趋势。

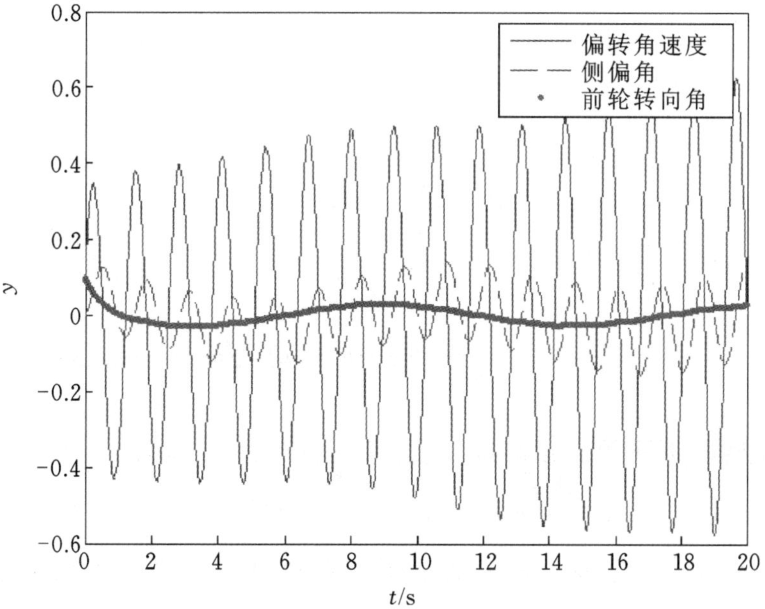

图 2-9 不同重心位置的偏转角速度、侧偏角、前轮转向角($a=1.40$m，$b=2.0$m)

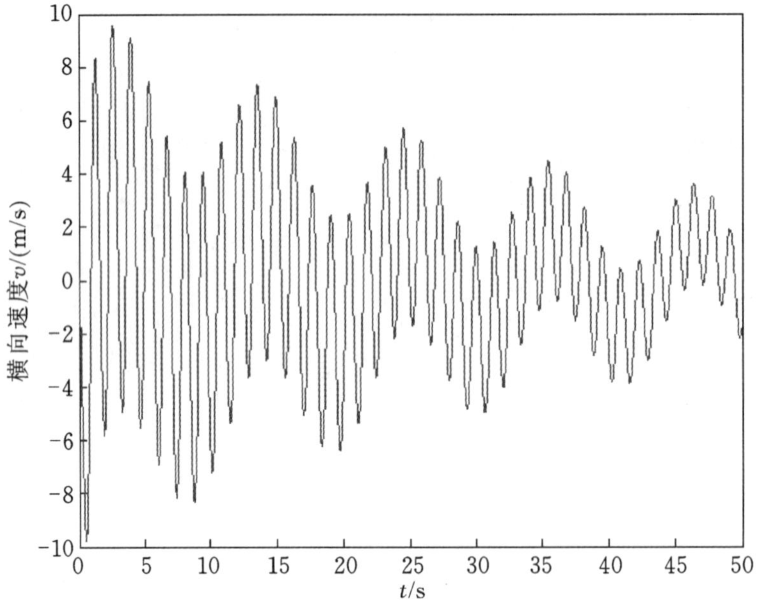

图 2-10 不同重心位置的偏转角速度、侧偏角、前轮转向角($a=1.48\text{m}, b=1.92\text{m}$)

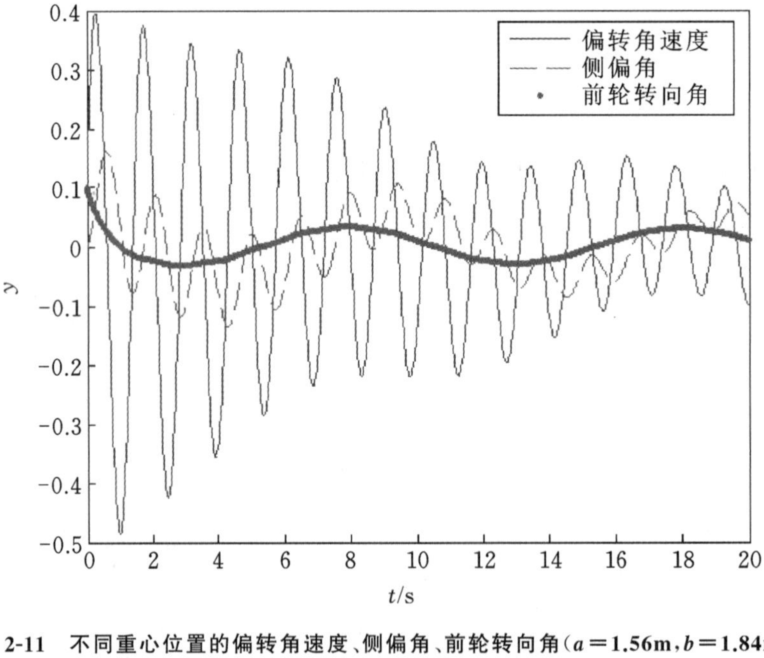

图 2-11 不同重心位置的偏转角速度、侧偏角、前轮转向角($a=1.56\text{m}, b=1.84\text{m}$)

(3) 四轮转向不同轮胎角刚度系数的比较($K_p=-0.02$)

由图 2-12～图 2-14 中显示可知,当采用角刚度系数大的轮胎时,汽车的转向速度限制有所提高,这是因为较大的角刚度系数可以提供更大的地面附着力,增加转向的驱动力,从而增大汽车稳定转向的速度限制。

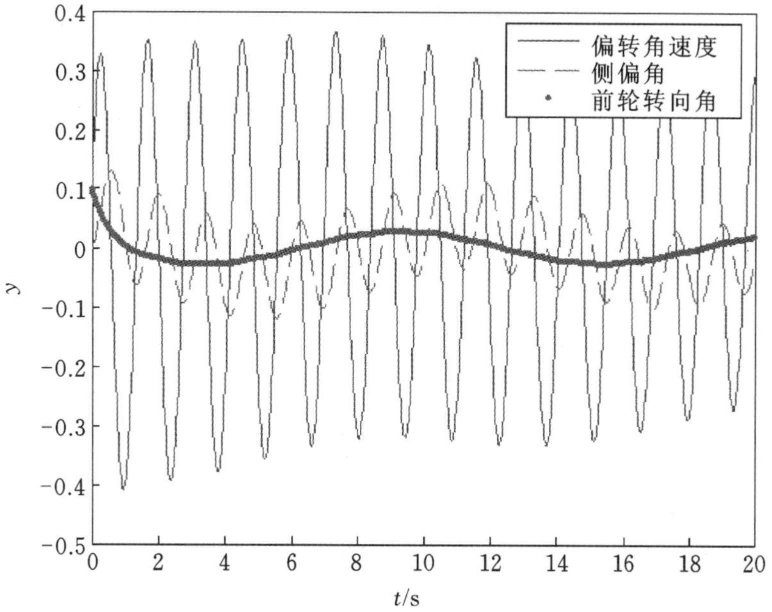

图 2-12　不同轮胎角刚度系数对四轮转向的影响($C_f=28000$ $C_r=50000$)

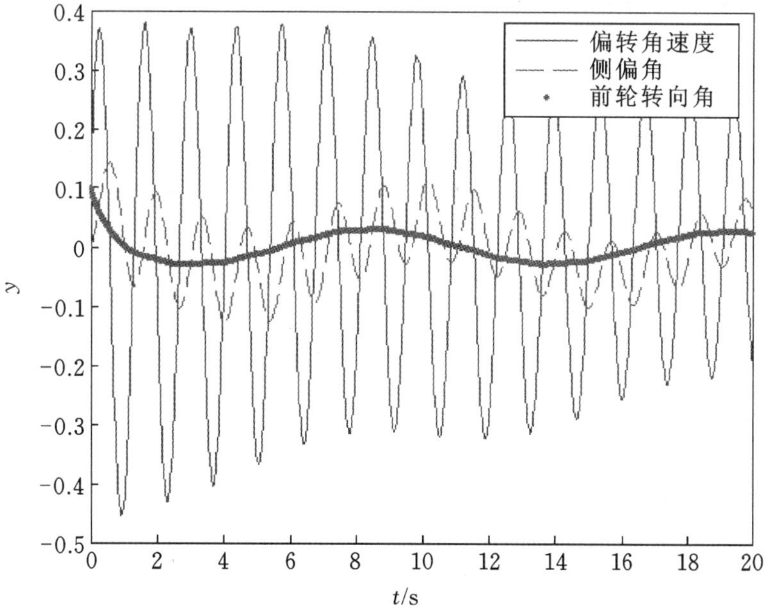

图 2-13　不同轮胎角刚度系数对四轮转向的影响($C_f=33020$ $C_r=55830$)

(4) 四轮转向不同视觉延迟的比较($K_p=-0.02$)

模型中的参数 Tr 表示了在人-车-路转向调节的反馈系统中,司机对转向调节的反应快慢。由图 2-15～图 2-17 中可以看出,对于前行道路改变反应速度快的

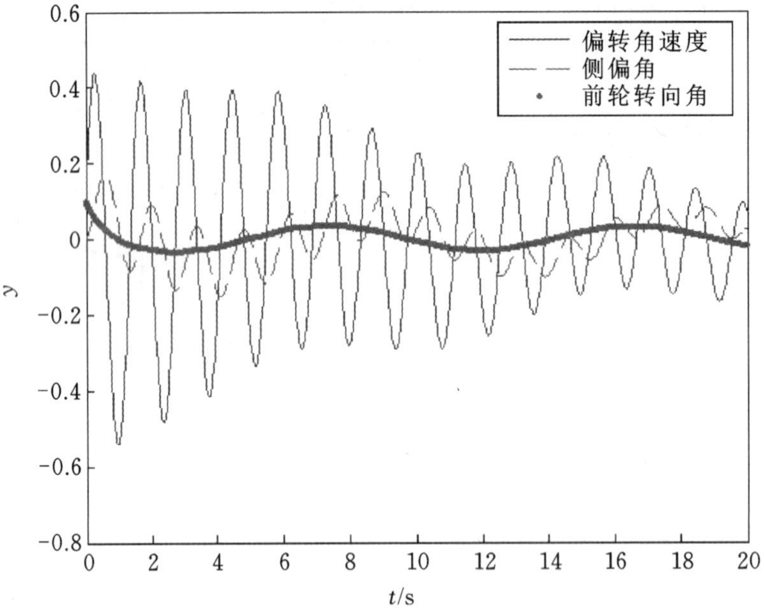

图 2-14　不同轮胎角刚度系数对四轮转向的影响($C_f=40000$ $C_r=60000$)

司机,可以在较高的转向速度时保持稳定;而反应慢的司机,其转向速度的波动较大。

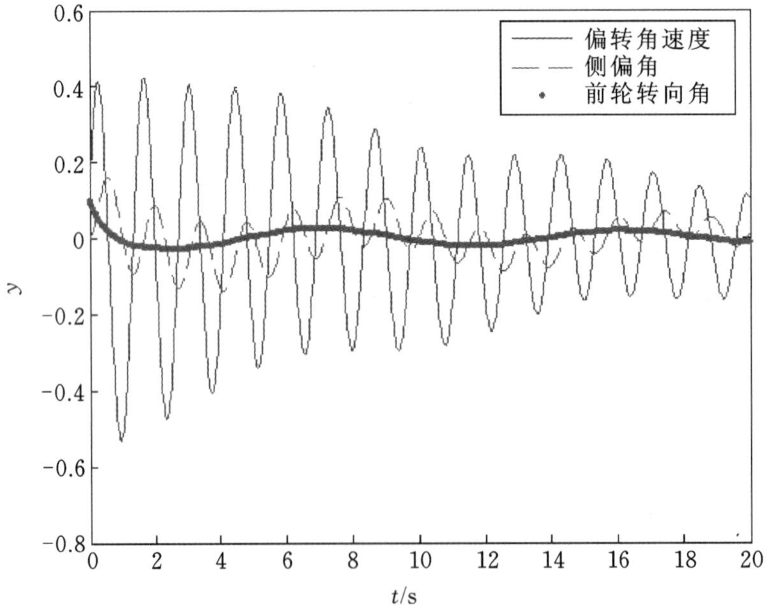

图 2-15　不同视觉延迟到转向速度的影响($T_r=0.4$)

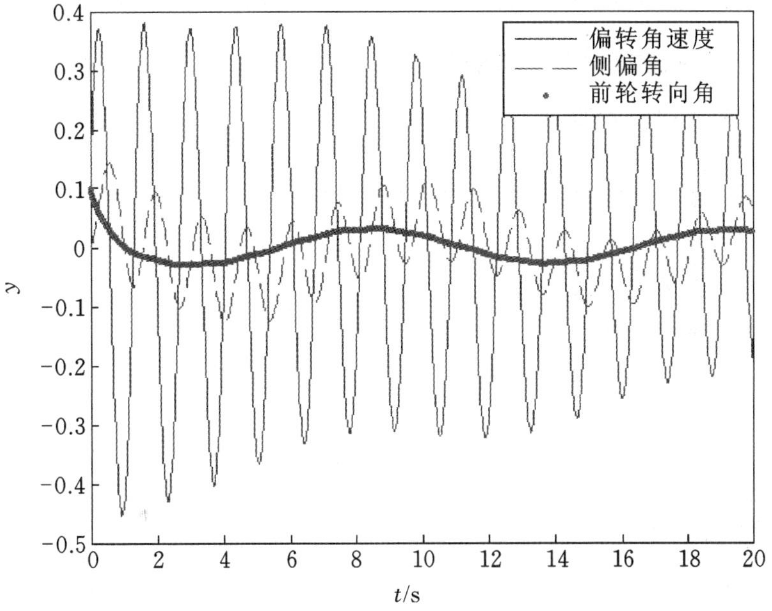

图 2-16　不同视觉延迟到转向速度的影响($T_r=0.5$)

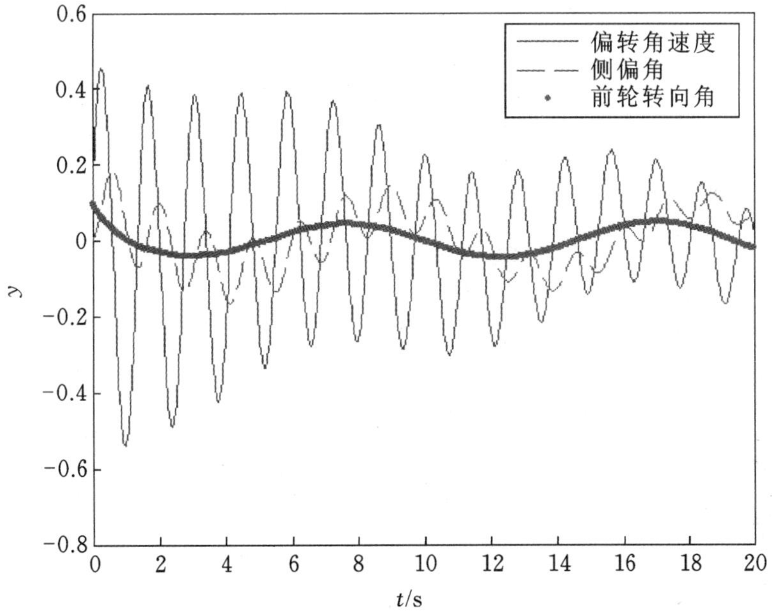

图 2-17　不同视觉延迟到转向速度的影响($T_r=0.6$)

2.3.2　自治情况下汽车四轮转向系统的稳定分析

取 $Q=0.08$，$w=1$，$k=0.005$，$U=87.8411\text{m/s}$，$K_p=-0.02$，系统初始值设为

$X=(0,0,10,0,0)^{T}$，四轮转向汽车的横向速度如图 2-18 所示，横向速度逐渐收敛。四轮转向汽车的横向位移和偏转角速度相图如图 2-19 所示，随时间的延长，系统逐渐收敛于稳定的极限环。

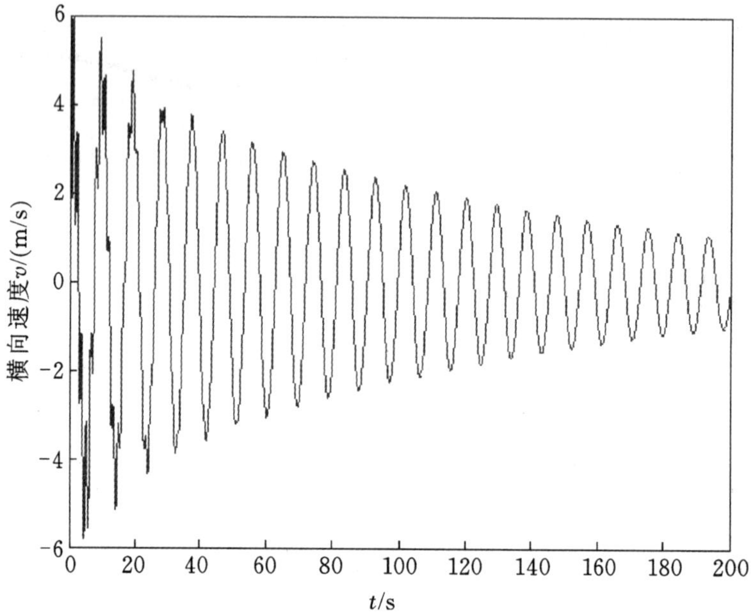

图 2-18 横向速度时间历程

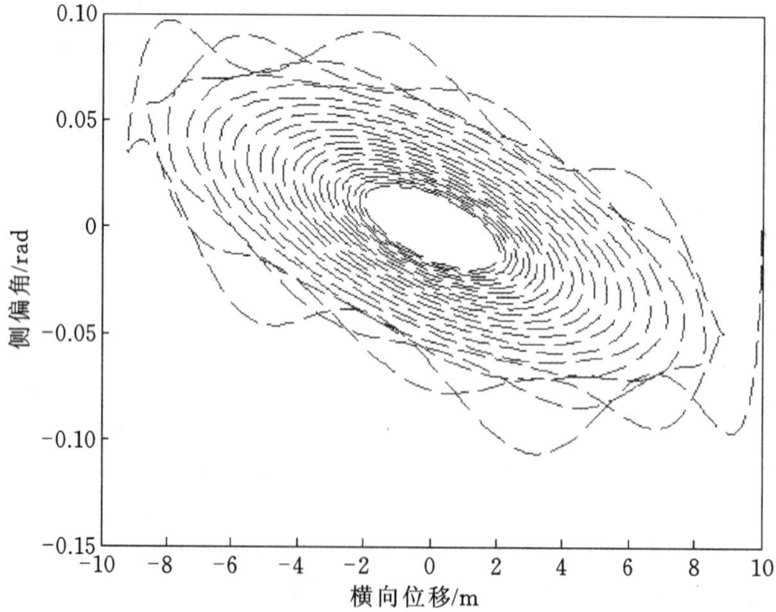

图 2-19 横向位移和偏转角速度相图

2.4 4WS 汽车 Hopf 分岔控制及仿真

当四轮转向汽车结构参数和运行参数确定后，通过计算机软件计算和仿真，判定 4WS 汽车出现了 Hopf 分岔。为了改善系统的稳定性，本节采用 washout 滤波器进行控制。

假设系统(2-32)参数不变，施加 washout 滤波器控制，得到受控后的 4WS 汽车方程：

$$\left.\begin{aligned}
f_1&=\frac{2}{m}[F_f\cos(x_5+Q\cos(\omega_d t))+F_r\cos(k_p(x_5+Q\cos(\omega_d t)))]-Ux_2\\
f_2&=\frac{2}{I_z}[aF_f\cos(x_5+Q\cos(\omega_d t))-bF_r\cos(k_p(x_5+Q\cos(\omega_d t)))]\\
f_3&=x_1\cos x_4+U\sin x_4\\
f_4&=x_2+h_1(x_4-\xi x_6)+h_2(x_4-\xi x_6)^3\\
f_5&=-\frac{1}{T_r}\left[Kx_3+\frac{KL}{U}x_1\cos x_4+KL\sin x_4+x_5\right]\\
f_6&=x_4-\xi x_6
\end{aligned}\right\} \tag{2-50}$$

其中，ξ 为滤波器常数，h_1 为线性增益，h_2 为非线性增益。显然，控制后系统的平衡点仍是原点 $X_e=(0,0,0,0,0,0)^{\mathrm{T}}$。

2.4.1 4WS 汽车分岔的控制计算

当 $U=87.8411\mathrm{m/s}$ 时，取 $\xi=0.1$，$h_2=0$，系统(2-50)在平衡点的线性化矩阵为：

$$\boldsymbol{B}=\begin{bmatrix}
-1.2335 & -87.031 & 0 & 0 & 38.907 & 0\\
0.4882 & -2.3282 & 0 & 0 & 37.510 & 0\\
1 & 0 & 0 & 87.8411 & 0 & 0\\
0 & 1 & 0 & h_1 & 0 & -0.1h_1\\
-0.005692 & 0 & -0.010 & -0.5000 & -2 & 0\\
0 & 0 & 0 & 1 & 0 & -0.1
\end{bmatrix} \tag{2-51}$$

上式对应的特征方程：

$$\lambda^6+(5.662-h_1)\lambda^5+(53.26-5.562h_1)\lambda^4+(97.07-52.71h_1)\lambda^3 \\ +(43.02-73.04h_1)\lambda^2+(60.71+31.74h_1)\lambda+5.733=0 \tag{2-52}$$

将特征方程系数一般化，设特征方程具有如下形式：

$$\lambda^6+a_1\lambda^5+a_2\lambda^4+a_3\lambda^3+a_4\lambda^2+a_5\lambda+a_6=0 \tag{2-53}$$

根据 Routh-Hurwitz 判据，特征方程所有根具有负实部的充要条件：特征多项式的系数全为正，且一半 Hurwitz 行列式大于零。因此：

$$\left.\begin{array}{c} a_1>0, a_2>0, \cdots, a_n>0, \\ \Delta_{n-1}>0, \Delta_{n-3}>0, \Delta_{n-5}>0 \cdots \end{array}\right\} \tag{2-54}$$

因 $\Delta_n=a_n\Delta_{n-1}$，a_n 为特征方程的常数项。故 $\Delta_n>0$，可用 $a_n>0$ 代替。

行列式 $\Delta_j(j=1,2,\ldots,n)$ 格式如下：

$$\Delta_j=\begin{vmatrix} a_1 & 1 & \cdots & 0 \\ a_3 & a_2 & \cdots & 0 \\ \vdots & \vdots & & \vdots \\ a_{2j-1} & a_{2j-2} & \cdots & a_j \end{vmatrix} \tag{2-55}$$

对于特征方程(2-52)，如果 $j>6$，则 $a_j=0$，式(2-55)变为：

$$\Delta_6=\begin{vmatrix} a_1 & 1 & 0 & 0 & 0 & 0 \\ a_3 & a_2 & a_1 & 1 & 0 & 0 \\ a_5 & a_4 & a_3 & a_2 & a_1 & 1 \\ 0 & a_6 & a_5 & a_4 & a_3 & a_2 \\ 0 & 0 & 0 & a_6 & a_5 & a_4 \\ 0 & 0 & 0 & 0 & 0 & a_6 \end{vmatrix} \tag{2-56}$$

由上式得：

$$\left.\begin{array}{l} \Delta_1=a_1 \\ \Delta_2=a_1a_2-a_3 \\ \Delta_3=a_1a_2a_3-a_1^2a_4-a_3^2 \\ \Delta_4=a_1a_2a_3a_4-a_1a_2^2a_5-a_1^2a_4^2+2a_1a_4a_5-a_3^2a_4+a_2a_3a_5-a_5^2 \\ \Delta_5=a_1a_2a_3a_4a_5-a_1a_2a_3^2a_6-a_1a_2^2a_5^2+2a_1^2a_2a_5a_6-a_1^2a_4^2a_5+a_1^2a_3a_4a_6 \\ +2a_1a_4a_5^2-a_1^3a_6^2-3a_1a_3a_5a_6-a_3^2a_4a_5+a_3^3a_6+a_2a_3a_5^2-a_5^3 \end{array}\right\} \tag{2-57}$$

利用计算机编程，可求得式(2-54)的值：

$$-1.710<h_1,\quad 且\quad h_1<0.0003380$$

取 $h_1=-1$，式(2-51)变为：

$$\boldsymbol{B}'=\begin{bmatrix} -1.2335 & -87.031 & 0 & 0 & 38.907 & 0 \\ 0.4882 & -2.3282 & 0 & 0 & 37.510 & 0 \\ 1 & 0 & 0 & 87.8411 & 0 & 0 \\ 0 & 1 & 0 & -1 & 0 & 0.1 \\ -0.005692 & 0 & -0.010 & -0.5000 & -2 & 0 \\ 0 & 0 & 0 & 1 & 0 & -0.1 \end{bmatrix} \tag{2-58}$$

对上式通过编程运算，可求得式(2-52)的六个根如下：

$$\lambda_{1,2}=-1.7825\pm 6.4880\mathrm{i},\ \lambda_3=-1.9652,\ \lambda_4=-0.8893,\ \lambda_{5,6}=-0.1211\pm 0.2404\mathrm{i} \tag{2-59}$$

它们都具有负实部。由此可见，只要选取适当的控制参数，可以使原系统在Hopf分岔点趋于稳定，从而使Hopf分岔行为出现变化。

2.4.2　4WS汽车控制后的Hopf分岔特性分析

当 $h_1=-1$，$\xi=0.1$ 时，首先进行控制后四轮转向系统的符号计算。

线性控制后系统的雅可比行列式变化为：

$$\begin{vmatrix} \lambda-a_{11} & -a_{12} & 0 & 0 & -a_{15} & 0 \\ -a_{21} & \lambda-a_{22} & 0 & 0 & -a_{25} & 0 \\ -1 & 0 & \lambda & -U & 0 & 0 \\ 0 & -1 & 0 & \lambda+1 & 0 & -0.1 \\ -a_{51} & 0 & -a_{53} & -a_{54} & \lambda-a_{55} & 0 \\ 0 & 0 & 0 & -1 & 0 & \lambda+0.1 \end{vmatrix}=0 \tag{2-60}$$

按照前面的运算方法，可求得控制后系统发生Hopf分岔速度为：

$$U=138.3014\mathrm{m/s}。$$

将此值代入程序运算可得雅可比矩阵为：

$$\boldsymbol{B}=\begin{vmatrix} -0.7835 & -137.7727 & 0 & 0 & 38.9066 & 0 \\ 0.3101 & -1.4789 & 0 & 0 & 37.5099 & 0 \\ 1 & 0 & 0 & 138.3014 & 0 & 0 \\ 0 & 1 & 0 & -1 & 0 & 0.1 \\ -0.0036 & 0 & -0.01 & -0.5000 & -2 & 0 \\ 0 & 0 & 0 & 1 & 0 & -0.1 \end{vmatrix} \tag{2-61}$$

进一步程序运算，得其特征向量的实部和虚部构成方阵为：

$$\boldsymbol{T}=\begin{bmatrix} 0.9988 & 0 & -0.9995 & -0.6277 & 0.5014 & -0.0239 \\ 0.0025 & -0.0474 & -0.0065 & 0 & -0.0041 & -0.0007 \\ -0.0049 & 0.0012 & 0.0275 & -0.7783 & 0.8647 & 0 \\ -0.0072 & -0.0002 & 0.0068 & 0.0107 & -0.0036 & 0.0017 \\ 0 & 0 & 0.0084 & 0.0052 & -0.0043 & 0.0001 \\ 0.0001 & 0.0011 & -0.0036 & -0.0107 & 0.0007 & 0.0152 \end{bmatrix} \tag{2-62}$$

在分岔处六个特征值为：

$$(\lambda_{1,2},\lambda_3,\lambda_4,\lambda_{5,6})=(-1.1274\pm 6.5340\mathrm{i},-2.0108,-1.0967,\pm 0.2432\mathrm{i}) \tag{2-63}$$

有一对特征值是纯虚数。

由此可见，控制后的系统与原系统相比，产生 Hopf 分岔的速度发生了显著变化，由 $U=87.84\mathrm{m/s}$ 增加到 $U=138.3014\mathrm{m/s}$。线性控制系统仍然产生 Hopf 分岔，但是改变了系统发生 Hopf 分岔时的运行参数，增强了系统的稳定性。

2.4.3 4WS 汽车线性控制后的 Hopf 分岔仿真分析

4WS 汽车的结构参数不变，取值仍如表 2-1 所示。

系统初始值设置为：

$X=(0.1, 0.1, 0.1, 0, 0.1)^{\mathrm{T}}$， $K_p=-0.01$， $K=0.001$， $U=138.3014$。

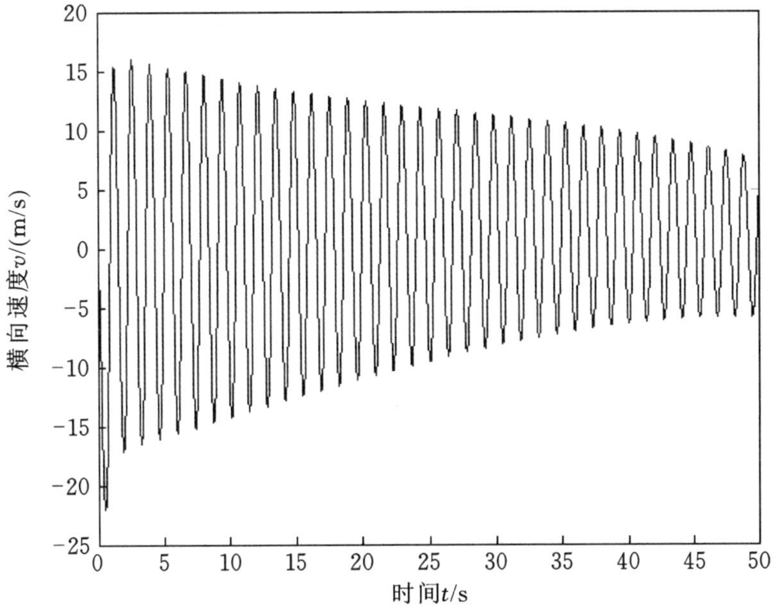

图 2-20　控制后四轮转向汽车横向速度响应曲线

与图(2-7)相比,四轮转向汽车控制后振幅波动逐渐变小,振动频率没有明显变化,振动稳定性增强。

系统控制后,其他参数随时间的变化曲线如图 2-21～图 2-24 所示。

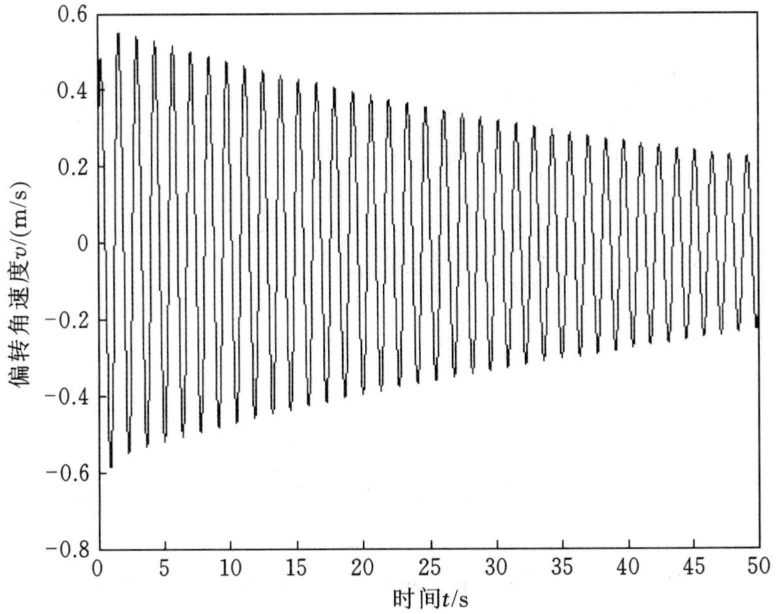

图 2-21　控制后四轮转向汽车偏转角速度响应曲线

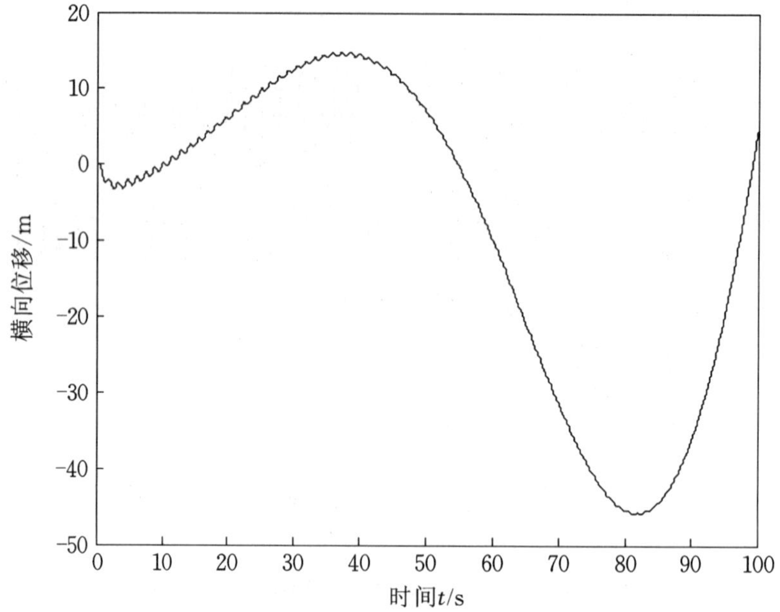

图 2-22 控制后四轮转向汽车横向位移响应曲线

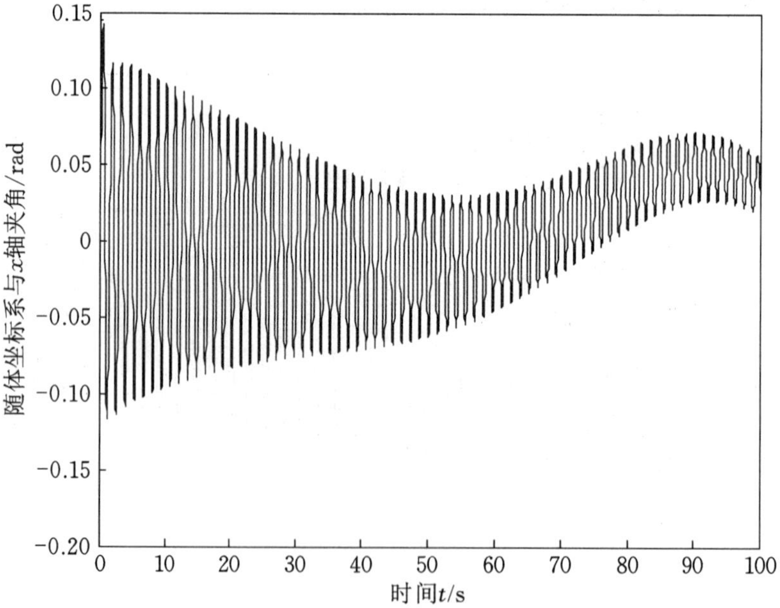

图 2-23 控制后四轮转向随体坐标系与 x 轴夹角响应曲线

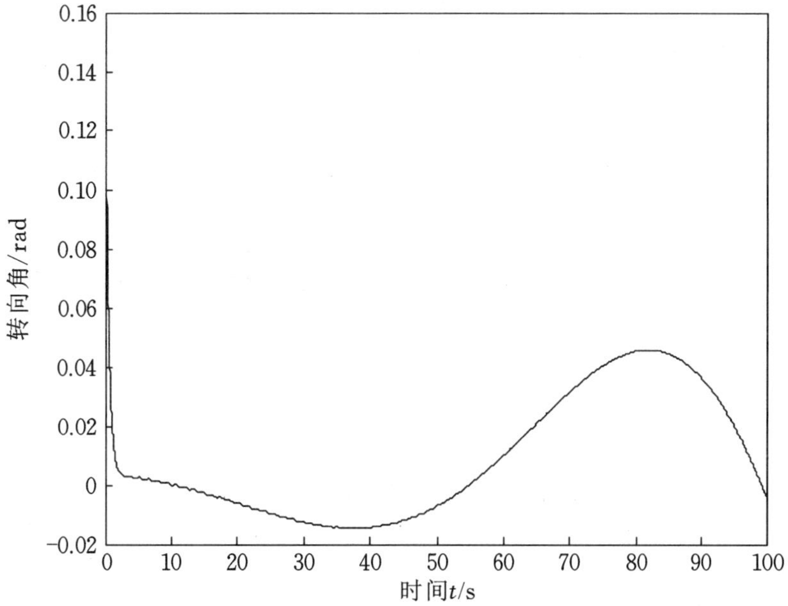

图 2-24 控制后四轮转向汽车前轮转向角响应曲线

观察发现上述各图纵坐标基本上是随着时间延长而快速衰减。

通过计算机软件协助计算和仿真说明，给车辆选择适当的结构和运行参数，采用恰当的线性控制方式，可延迟或消除原系统的 Hopf 分岔行为，显著提高系统的稳定性。

参考文献

[1] 杜峰，魏朗，赵建有. 基于状态反馈的四轮转向汽车最优控制[J]. 长安大学学报：自然科学版，2008，28(4)：91-94.

[2] CHEN N，CHEN N，CHEN Y D. On fractional control method for four-wheel-steering vehicle[J]. 中国科学：技术科学，2010，40(03)：47-53.

[3] Dave Crolla，喻凡. 车辆动力学及其控制[M]. 北京：人民交通出版社，2004.

[4] 余志生. 汽车理论[M]. 北京：机械工业出版社，2014.

[5] 杨建秀，王增才. 高维汽车侧向动力学系统的分岔与失稳分析[J]. 农业机械学报，2008，39(12)：45-50.

[6] 宋作军. 基于中心流形理论的四轮转向汽车 Hopf 分岔分析[J]. 振动与冲击，2016，35(13)：

219-223.

[7] 张继业，杨翊仁，曾京. Hopf 分岔的代数判据及其在车辆力学中的应用[J]. 力学学报，2000，32(5)：596-605.

[8] 陆启韶，彭临平，杨卓琴. 常微分方程与动力系统[M]. 北京：北京航空航天大学出版社，2010.

[9] 刘春辉，张伯俊，孔超等. 四轮转向汽车的分岔与失稳分析[J]. 机械科学与技术，2011，30(8)：1326-1330.

[10] 贺丽娟，李庆军. 汽车整车稳定性的 Hopf 分岔特性数值分析[J]. 农业装备与车辆工程，2010，(4)：3-7.

[11] 刘启佳，陈思忠. 基于 LQR 的四轮转向汽车控制方法[J]. 北京理工大学学报，2014，34(11)：1135-1139.

[12] 舒进. 比例控制四轮转向车辆运动特性分析[J]. 专用汽车，2002(03)：16-19.

[13] 刘锁铭.四轮转向汽车横向动力学特性及其控制[D]. 烟台：鲁东大学，2018.

[14] 王京. 二自由度 4WS 汽车的动力分析(Ⅰ)——线形分析[J].华南理工大学学报(自然科学版)，2001，29(6)：87-90.

[15] 飞思科技产品研发中心. MATLAB 7 基础与提高[M]. 北京：电子工业出版社，2006.

[16] 朱德军，陈南，任祖平. 基于 H∞理论的车辆稳定性控制[J].精密制造与自动化，2005，(1)：49-52

3 四轮转向汽车的操纵稳定性分析

国外从 20 世纪 70 年代末，开始研究开发四轮转向系统。自 1985 年首次应用四轮转向系统以来，汽车的操纵稳定性大为提高。随着现代控制理论与技术的不断成熟和完善，汽车四轮转向系统的控制研究已成为近年来国内外研究的热点，并取得了一定的进展。对于汽车四轮转向的研究多数集中于行驶动力学，而操纵动力学方面的研究却缺乏系统性。鉴于此，这里基于二自由度汽车四轮转向系统模型，运用汽车操纵动力学理论，对四轮转向汽车的操纵稳定性进行了比较系统的理论分析。

4WS 系统依靠主动控制技术，根据输入的车速和前轮转向角信号，由电控单元向后轮转向作动器发出转向角命令，对车辆运动和动力进行控制。4WS 汽车高低速的区分值约为 30km/h，高速时后轮转向角范围一般在 0°～2°。

3.1 四轮转向汽车的稳态响应分析

3.1.1 4WS 汽车的数学模型

根据图 2-5 和图 2-6 的四轮转向汽车模型，因为后轮转向角很小，取式(2-26)、(2-27)近似值，得：

$$F_f=-C_{1f}\alpha_f,F_r=-C_{1r}\alpha_r \tag{3-1}$$

$$\alpha_f=\frac{v+ar}{U}-\delta_f,\alpha_r=\frac{v-br}{U}-\delta_r \tag{3-2}$$

将上述两式代入式(2-25)，并取 $\cos\delta_f\doteq1,\cos\delta_r\doteq1$，得车体线性化方程：

$$\left.\begin{aligned}m\dot{v}&=-\frac{2\times(C_{1f}+C_{1r})}{U}v-\left[mU+\frac{2\times(aC_{1f}-bC_{1r})}{U}\right]r+2\times(C_{1f}+k_pC_{1r})\delta_f\\I_z\dot{r}&=-\frac{2\times(aC_{1f}-bC_{1r})}{U}v-\frac{2\times(a^2C_{1f}+b^2C_{1r})}{U}r+2\times(aC_{1f}-bk_pC_{1r})\delta_f\end{aligned}\right\}\tag{3-3}$$

化为矩阵形式：

$$\begin{bmatrix}m&0\\0&I_z\end{bmatrix}\begin{bmatrix}\dot{v}\\\dot{r}\end{bmatrix}+\begin{bmatrix}\dfrac{2\times(C_{1f}+C_{1r})}{U}&mU+\dfrac{2\times(aC_{1f}-bC_{1r})}{U}\\\dfrac{2\times(aC_{1f}-bC_{1r})}{U}&\dfrac{2\times(a^2C_{1f}+b^2C_{1r})}{U}\end{bmatrix}\begin{bmatrix}v\\r\end{bmatrix}=2\times\begin{bmatrix}C_{1f}+k_pC_{1r}\\aC_{1f}-bk_pC_{1r}\end{bmatrix}\delta_f\tag{3-4}$$

或：

$$\boldsymbol{P}\dot{\boldsymbol{X}}+\boldsymbol{Q}\boldsymbol{X}=\boldsymbol{R}\boldsymbol{u}$$

式中，$\boldsymbol{X}$ 是状态矢量，$\boldsymbol{u}$ 是输入矢量，并且 $\boldsymbol{X}=\begin{bmatrix}v\\r\end{bmatrix}$，$\boldsymbol{u}=[\delta_f]$

3.1.2 4WS 汽车的稳态响应分析

(1) 转向特性分析

当汽车等速行驶，且在前轮角阶跃输入下，汽车进入的稳态响应为等速圆周行驶。常用输出与输入的比值，如稳态的偏转角速度与前轮转向角之比来评价稳态响应，称为稳态偏转角速度增益，也称为转向灵敏度。

稳态时偏转角速度为定值，此时 $\dot{v}=0$，$\dot{r}=0$，令 r_{ss}(steady state)为偏转角速度稳态响应，代入式(3-4)，得：

$$\left.\begin{aligned}&\frac{2\times(C_{1f}+C_{1r})}{U}v+\left[mU+\frac{2\times(aC_{1f}-bC_{1r})}{U}\right]r_{ss}=2\times(C_{1f}+k_pC_{1r})\delta_f\\&\frac{(aC_{1f}-bC_{1r})}{U}v+\frac{(a^2C_{1f}+b^2C_{1r})}{U}r_{ss}=(aC_{1f}-bk_pC_{1r})\delta_f\end{aligned}\right\}\tag{3-5}$$

联立两式并消去 v，并考虑 $a+b=l$，得到稳态偏转角速度响应增益：

$$\frac{r_{ss}}{\delta_f}=\frac{(1-k_p)U}{l+kU^2}\tag{3-6}$$

其中，$K=\dfrac{m(bC_{1r}-aC_{1f})}{2lC_{1f}C_{1r}}$为稳定性因数，当 $k_p=0$ 时，$\dfrac{r_{ss}}{\delta_f}=\dfrac{U}{l+KU^2}$。

此式为只有前轮转向的汽车的偏转角速度稳态响应增益。显然易见，四轮转向偏转角速度稳态响应增益小于两轮转向偏转角速度稳态响应增益，四轮转向更灵活。

假设汽车的转弯半径为 R，则转向曲率为：　$\rho_{ss}=\dfrac{1}{R}$

稳态偏转角速度为：

$$r_{ss}=\frac{U}{R}=\rho_{ss}U$$

每单位转向角产生的曲率为：

$$\frac{\rho_{ss}}{\delta_f}=\frac{(1-k_p)}{l+KU^2}$$

（2）直线行驶状态分析

假定转向角 $\delta_f=0$ 时，则运动方程(3-4)表示为直线行驶状态，方程变成齐次方程：

$$P\dot{X}+QX=0 \tag{3-7}$$

其解具有如下的形式：　$X=X_0e^{\lambda t}$

方程变为：　$(P\lambda+Q)X_0=0$

只有 $|P\lambda+Q|=0$ 时，此方程有非零解。

将矩阵中各代数式代入并运算得：

$$|P\lambda+Q|=\begin{vmatrix} m\lambda+\dfrac{2(C_{1f}+C_{1r})}{U} & mU+\dfrac{2(aC_{1f}-bC_{1r})}{U} \\ \dfrac{2(aC_{1f}-bC_{1r})}{U} & I_z\lambda+\dfrac{2(a^2C_{1f}+b^2C_{1r})}{U} \end{vmatrix} \tag{3-8}$$

其特征方程为：

$$\lambda^2+2\times\frac{I_z(C_{1f}+C_{1r})+m(a^2C_{1f}+b^2C_{1r})}{I_zmU}\lambda+\left[\frac{4l^2C_{1f}C_{1r}}{I_zmU^2}+\frac{2(bC_{1r}-aC_{1f})}{I_z}\right]=0 \tag{3-9}$$

或简写为：$\lambda^2+D\lambda+S=0$

其中：

$$D=2\times\frac{I_z(C_{1f}+C_{1r})+m(a^2C_{1f}+b^2C_{1r})}{I_zmU} \tag{3-10}$$

$$S=\frac{4l^2C_{1f}C_{1r}}{I_zmU^2}+\frac{2(bC_{1r}-aC_{1f})}{I_z} \tag{3-11}$$

(3) 综合分析 4WS 汽车的转向特性

当 $K=0$ 时，$\frac{r_{ss}}{\delta_f}=\frac{(1-k_p)U}{l}$,偏转角速度稳态响应增益与车速成线性关系，这种稳态称为中性转向。

当 $K>0$ 时，$l+KU^2>l$,偏转角速度稳态响应增益比中性转向时要小。$\frac{r_{ss}}{\delta_f}$不再与车速成线性关系，车速与偏转角速度增益曲线是一条低于中性转向的汽车稳态横摆增益线。具有这种特性的四轮转向汽车称为不足转向汽车。K 值越小，偏转角速度增益曲线越大，过多转向量越大。

当 $K<0$ 时，$l+KU^2<l$,偏转角速度稳态响应增益比中性转向时要大。$\frac{r_{ss}}{\delta_f}$也不再与车速成线性关系，车速与偏转角速度增益曲线是一条高于中性转向的汽车稳态横摆增益线。具有这种特性的四轮转向汽车称为过多转向汽车。K 值越大，偏转角速度增益曲线越低，不足转向量越大。

当车辆接近临界车速 U_{crit}时，响应趋向无穷。临界车速由下式给出：

$$U_{crit}=\sqrt{\frac{l}{-K}}=\sqrt{\frac{2l^2C_{1f}C_{1r}}{m(aC_{1f}-bC_{1r})}} \tag{3-12}$$

实际驾驶汽车的感觉是车辆转弯过度，超出了预期的转角，驾驶员不得不减少转向盘的输入，以保证车辆沿着期望的路径行驶，否则车辆面临失稳发生急转，易引起侧滑而翻车。

根据四轮转向汽车的稳定性因数公式，其大小由汽车的结构参数决定。将表 2-1 数值代入公式，得稳定性因数：

$$K=0.0076$$

同理，将表 2-1 数值代入公式(2-61)，得车辆临界车速：

$$U_{crit}=21.1511\text{m/s}$$

为了清楚显示四轮转向汽车的稳态偏转角速度增益曲线，选取适宜的汽车纵向行驶速度，电脑绘制上述三种情况曲线，如图 3-1 所示。显然，汽车行驶速度较低时三条曲线高度靠近，趋于中性转向特性。汽车高速行驶时，汽车过多转向或不足转向特性表现更加突出。

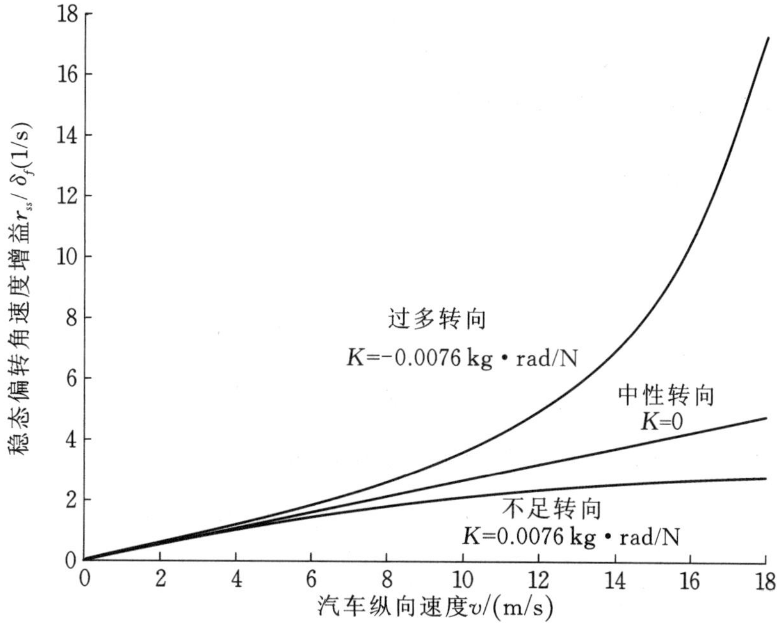

图 3-1　不同 K 值情况下稳态偏转角速度增益曲线

根据系统稳定性理论，方程(2-58)的解有两种形式，或两个解都为实数，如：$\lambda_1=\sigma_1$，$\lambda_2=\sigma_2$；或两个解为一对共轭复数，如：$\lambda_1=\sigma+i\omega$，$\lambda_2=\sigma-i\omega$。在任何一种情况下，特征方程解的实部的符号都决定系统的稳定性。若有任何一个 σ 为正，则系统不稳定；否则系统稳定。如图 3-2 所示。

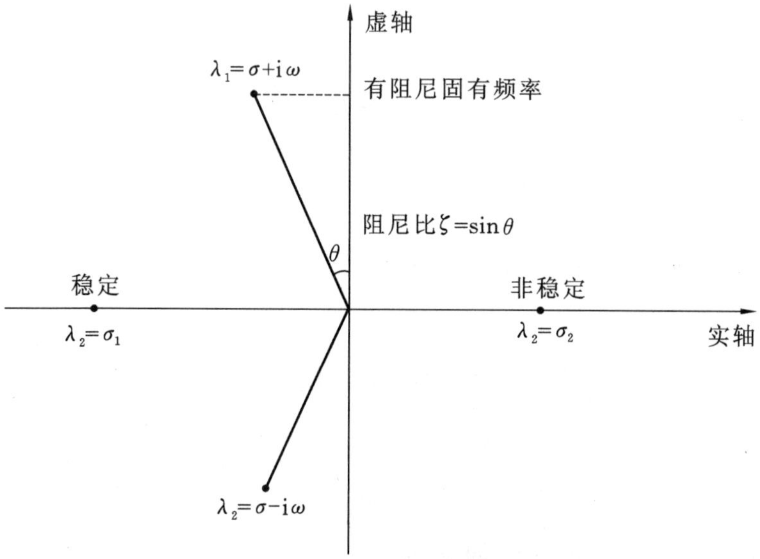

图 3-2　特征根与相应的固有频率和阻尼比的关系

3.2 四轮转向汽车的瞬态响应分析

3.2.1 四轮转向汽车动力方程的运算

对车体动力方程式(3-3)运算,第一式×$(aC_{1f}-bC_{1r})$－第二式×$(C_{1f}+C_{1r})$得:

$$m(aC_{1f}-bC_{1r})\dot{v}=I_z(C_{1f}+C_{1r})\dot{r}+\left[mU(bC_{1r}-aC_{1f})+\frac{2l^2C_{1f}C_{1r})}{U}\right]r$$
$$+2l(k_p-1)C_{1f}C_{1r}\delta_f$$

对车体动力方程式(3-3)第二式求导,并代入上式得:

$$I_zmU^2\ddot{r}+2U[I_z(C_{1f}+C_{1r})+m(a^2C_{1f}+b^2C_{1r})]\dot{r}+[2mU^2(bC_{1r}-aC_{1f})+4l^2C_{1f}C_{1r}]r$$
$$=2mU^2(aC_{1f}-bk_pC_{1r})\delta_f+4Ue(k_p-1)C_{1f}C_{1r}\delta_f \tag{3-13}$$

或变化为:

$$\ddot{r}+2\xi\omega_0\dot{r}+\omega_0^2r=B_1\delta_f+B_0\delta_f \tag{3-14}$$

式中:

$$B_1=\frac{2(aC_{1f}-bk_pC_{1r})}{I_z},$$

$$B_0=\frac{4l(k_p-1)C_{1f}C_{1r}}{I_zmU},$$

$$\omega_0^2=\frac{2mU^2(bC_{1r}-aC_{1f})+4l^2C_{1f}C_{1r}}{I_zmU^2},$$

$$\xi=\frac{I_z(C_{1f}+C_{1r})+m(a^2C_{1f}+b^2C_{1r})}{I_zmU\omega_0}$$

其中,ω_0 称为固有圆频率,ξ 称为阻尼比。

给汽车前轮一阶跃角输入:

$$\left.\begin{array}{ll} t<0, & \delta_f=0 \\ t\geqslant 0, & \delta_f=\delta_0 \\ t>0, & \dot{\delta}_f=0 \end{array}\right\} \tag{3-15}$$

当 $t>0$ 时,式(3-14)进一步简化为:

$$\ddot{r}+2\xi\omega_0\dot{r}+\omega_0^2 r=B_0\delta_f \tag{3-16}$$

这是二阶常系数非齐次微分方程,其通解等于它的一个特解与对应的齐次微分方程的通解之和。

显然其特解为:

$$r^*=\frac{B_0\delta_0}{\omega_0^2}=\frac{r_{ss}}{\delta_f}\delta_0=\frac{(1-k_p)U}{l+kU^2}\delta_0 \tag{3-17}$$

即为稳态偏转角速度响应增益。

对应的齐次方程式为:

$$\ddot{r}+2\xi\omega_0\dot{r}+\omega_0^2 r=0 \tag{3-18}$$

其通解可由特征方程求得:

$$s^2+2\xi\omega_0 s+\omega_0^2=0 \tag{3-19}$$

根据 ξ 的数值,特征方程的根为:

$$\left.\begin{array}{lll}\xi<1, & s=-\xi\omega_0\pm\omega_0\sqrt{1-\xi^2}\,i & (\text{一对共轭复数})\\ \xi=1, & s=-\xi\omega_0 & (\text{重根})\\ \xi>1, & s=-\xi\omega_0\pm\omega_0\sqrt{\xi^2-1} & (\text{两个不同实根})\end{array}\right\} \tag{3-20}$$

3.2.2　$\xi<1$ 时,四轮转向汽车的瞬态分析

方程(3-18)的解为:

$$r(t)=e^{-\xi\omega_0 t}\left[c_1\sin(\omega_0\sqrt{1-\xi^2})+c_2\cos(\omega_0\sqrt{1-\xi^2})\right]t+\frac{B_0\delta_0}{\omega_0^2} \tag{3-21}$$

系统运动的初始条件为:$t=0,r=0,v=0,\delta_f=\delta_0$。

将其代入式(3-4)第二式得:

$$\dot{r}(0)=\frac{2(aC_{1f}-bk_pC_{1r})}{I_z}\delta_0=B_1\delta_0 \tag{3-22}$$

对式(3-21)求导得:

$$\begin{aligned}\dot{r}(t)=&e^{-\xi\omega_0 t}\left[c_1\omega_0\sqrt{1-\xi^2}\cos(\omega_0\sqrt{1-\xi^2})t-c_2\omega_0\sqrt{1-\xi^2}\sin(\omega_0\sqrt{1-\xi^2})t\right]\\&-\xi\omega_0 e^{-\xi\omega_0 t}\left[c_1\sin\left(\omega_0\sqrt{1-\xi^2}\right)t+c_2\cos\left(\omega_0\sqrt{1-\xi^2}\right)t\right]\end{aligned} \tag{3-23}$$

将式(3-22)及上述初始条件代入式(3-21)和式(3-22),形成方程组并解得:

$$\left.\begin{aligned}c_1&=\frac{\delta_0(B_1\omega_0-B_0\xi)}{\omega_0^2\sqrt{1-\xi^2}}\\c_2&=-\frac{B_0\delta_0}{\omega_0^2}\end{aligned}\right\}\tag{3-24}$$

将式(3-24)代入式(3-21)得:

$$r(t)=\frac{\delta_0}{\omega_0^2}e^{-\xi\omega_0 t}\left[\frac{(B_1\omega_0-B_0\xi)}{\sqrt{1-\xi^2}}\sin(\omega_0\sqrt{1-\xi^2})-B_0\cos(\omega_0\sqrt{1-\xi^2})\right]t+\frac{B_0\delta_0}{\omega_0^2}\tag{3-25}$$

简化得:

$$r(t)=\frac{\delta_0}{\omega_0^2}e^{-\xi\omega_0 t}\sin(\omega_0\sqrt{1-\xi^2}-\phi)t+\frac{B_0\delta_0}{\omega_0^2}\tag{3-26}$$

其中:

$$\phi=\arctan\left(\frac{B_0\sqrt{1-\xi^2}}{B_1\omega_0-B_0\xi}\right)\tag{3-27}$$

根据表2-1确定四轮转向汽车结构参数,选择$k_p=-0.05$,$\delta_0=0.1\text{rad}$,经过计算得到系统发生Hopf分岔时车速为$U=32.7323\text{m/s}$,代入上述各式,得到相关系数值如下:

$$\left.\begin{aligned}&\xi=0.6133\\&\omega_0^2=60.7213\\&c_1=0.8784\\&c_2=0.2969\\&\omega_0\sqrt{1-\xi^2}=6.1547\\&\frac{B_0\delta_0}{\omega_0^2}=-0.2969\end{aligned}\right\}\tag{2-76}$$

由此可见,系统属于小阻尼状况,其稳态偏转角速度响应增益数值为-0.2951。

给四轮转向汽车前轮一个角阶跃输入时,汽车的偏转角速度瞬态响应如图3-3所示。由此可见,汽车的偏转角速度急剧变化后迅速趋于稳态偏转角速度。

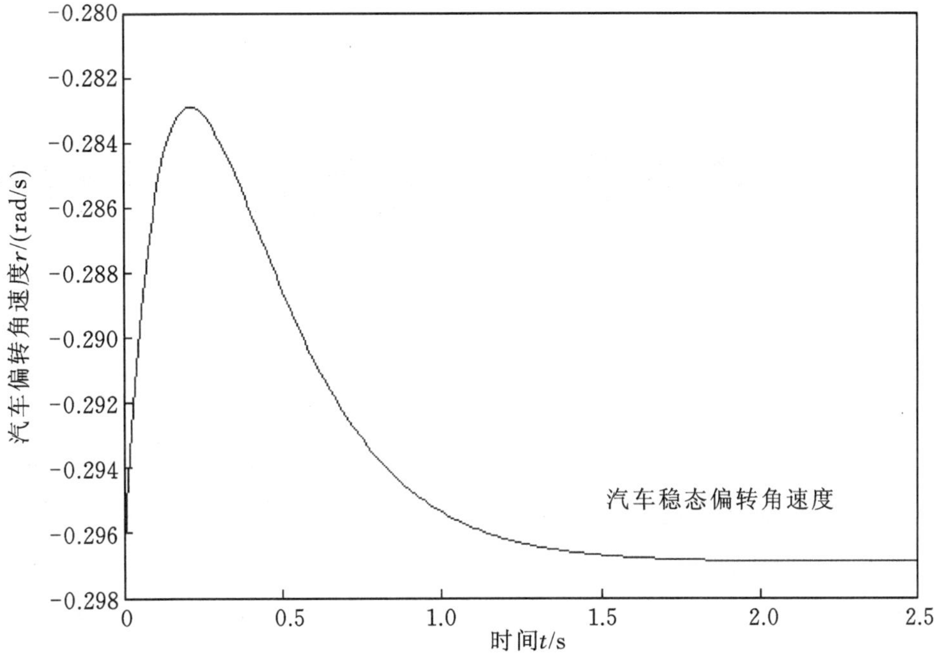

图 3-3 四轮转向汽车偏转角速度瞬态响应

3.2.3 ξ⩾1 时，四轮转向汽车的瞬态分析

根据有关文献分析，车辆阻尼比 $\xi=0.5\sim0.8$ 为宜。$\xi=1$ 称为临界阻尼，$\xi>1$ 称为大阻尼，两种情况下的偏转角速度响应都比较复杂，在此不做展开分析。有兴趣的读者可参考相关文献。

参 考 文 献

[1] Dave Crolla，喻凡. 车辆动力学及其控制[M]. 北京：人民交通出版社，2004.

[2] 余志生. 汽车理论[M]. 北京：机械工业出版社，2014.

[3] 王京. 二自由度 4WS 汽车的动力分析（Ⅰ）——线形分析[J].华南理工大学学报（自然科学版），2001，29(6)：87-90.

[4] 飞思科技产品研发中心. MATLAB 7 基础与提高[M]. 北京：电子工业出版社，2006.

4 汽车悬架非线性动力学分析

悬架是现代汽车上的重要总成之一，它把车身与车轮弹性地连接起来。其主要任务是传递作用在车轮和车身之间的一切力和力矩，并且减缓由不平路面传给车身的冲击载荷，衰减由此引起的承载系统的振动，以保证汽车平顺地行驶。

汽车主动、半主动悬架是一种能根据汽车每一时刻的运动状态和路面激励情况随时调节悬架元件，使悬架永远处于最优减振状态的新型悬架系统，是当前国际汽车工业、自动控制技术界研究的热门课题。传统的被动悬架，无论是根据经验设计，还是按最优化方法设计，都只能保证在一种特定的道路和速度条件下达到性能的最优，同时满足行驶平顺性和安全性的要求。由于被动悬架减振器的阻尼力与振动速度成正比，随着激振频率的增加，刚度相应增大，因此不能很好地隔离高频干扰。那么，传统的被动悬架只在一种路面上，以特定速度行驶方能达到最佳减振效果且不丧失操纵性能，而对于恶劣路况如坑、峰等，其引起振动过大，既不能保证舒适性，还易引起轮跳等不安全问题。

常规评价悬架系统性能的指标有三个。

(1) 平顺性，指车身的振动情况，也叫舒适性，一般通过车身垂直振动加速度来评价，有时还用车身的侧偏角、纵倾角(主要指在车辆起动、骤停时的俯仰角度)来评价。

(2) 安全性，指车辆行驶过程中是否出现轮跳，从而引起行驶方向失去控制。评价安全性的指标是动载荷，即车轮与地面接触产生的力减去静态接触力(静载荷)。若动载荷过大，则车轮与地面脱离接触的可能性增大。由于在垂直压力下，车辆与地面产生的侧向力提供转向力，所以轮跳会引起转向失控。

(3) 动行程，指悬架系统组成元件(弹簧、减振器)的压缩和拉伸长度。其评价指标为车轮与车身之间的相对位移，若动行程超过车辆设计的限制距离，就会撞击限位块，引起悬架元件的损伤。

这三个性能指标的要求在设计悬架刚度和阻尼参数时是矛盾的。原因在于悬架既要能够支撑车身、实现减振，又要能很好地上下传递能量。

主动悬架指以力发生器代替传统的弹簧阻尼系统形成的悬架。由于力发生器理论上可产生垂直方向任意大小的力，所以给悬架系统输入了能量，力发生器一般由液压缸产生力。半主动悬架采用可调阻尼减振器，结构相对简单，能够根据运动状态不断调节阻尼大小，其减振性能相当于被动悬架在各个频率段上的优化值，因而减振效果良好，且几乎不需要消耗能量。

4.1 汽车半主动悬架的非线性动力学分析

现代汽车中的悬架有三种：被动悬架、半主动悬架和主动悬架。

(1) 被动悬架

被动悬架即传统式的悬架，是由弹簧、减振器(减振筒)、导向机构等组成，它的功能是减弱路面传给车身的冲击力，衰减由冲击力而引起的承载系统的振动。其中弹簧主要起减缓冲击力的作用，减振器的主要作用是衰减振动。由于这种悬架是由外力驱动而起作用的，所以称为被动悬架。

(2) 半主动悬架

半主动悬架是指执行元件的阻尼系数在一定范围内可以调节的悬架。如果阻尼系数可以连续调节，称为连续可控的半主动悬架。如果阻尼系数是离散调节，称为分级可控的半主动悬架。

半主动悬架不仅能量消耗较低，而且结构简单、成本低廉、可靠性高，在大多数情况下具有与主动悬架相近的特性，因此半主动悬架最受汽车制造厂商的青睐。一般在半主动悬架中，对弹性元件的刚度控制比对阻尼元件的阻尼控制困难。为此，目前大多数对半主动悬架的研究重点主要集中在阻尼元件的阻尼上。

目前，半主动悬架的阻尼元件使用最多的是磁流变阻尼器。磁流变液是一种新型的智能材料，具有高强度、低黏度、滞回现象小、温度稳定性好、对制造过程中引入的杂质不敏感等特点，已成为制作建筑、机械等行业阻尼器及制动器的理想材料。由磁流变液制成的阻尼器构造简单、响应速度快、耐久性能好、阻尼力大且连续可调，是一种典型的可控流体阻尼器，适合用作车辆悬架系统振动控制的执行器。

(3) 主动悬架

主动悬架在控制环节安装了能够产生抽动的装置，采用一种以力抑力的方式，抑制路面对车身的冲击力及车身的倾斜力。由于这种悬架能够自行产生作用力，因此称为主动悬架。

近十几年，主动悬架之所以快速发展成为由电脑控制的一种新型悬架，具备三个条件：①具有能够产生作用力的动力源；②能够传递这种作用力，并有能连续工作的执行元件；③具有多种传感器，并将有关数据集中到微电脑运算，并决定控制方式。因此，主动悬架汇集了力学和电子学的技术知识，是一种比较复杂的高技术装置。

另外，主动悬架具有控制车身运动的功能。当汽车制动或转弯时，其惯性引起弹簧变形，主动悬架会产生一个与惯性力相对抗的力，减少车身位置的变化。例如德国奔驰 2000 款 CL 型跑车，当车辆转弯时，悬架传感器会立即检测出车身的倾斜和横向加速度，电脑根据传感器的信息，与预先设定的临界值进行比较计算，迅速确定：在什么位置，将多大的负载加到悬架上，能够使车身的倾斜减到最小。

主动悬架虽然能够对许多相互矛盾的悬架特性进行最佳协调，实现真正意义上的最优控制。但是，这样也会大幅度增加悬架系统的复杂程度、制造成本和能量消耗。因此，汽车半主动悬架控制的研究受到越来越多的关注。本节重点对汽车半主动悬架进行非线性动力学分析。

4.1.1 汽车半主动悬架的建模和非线性影响因素分析

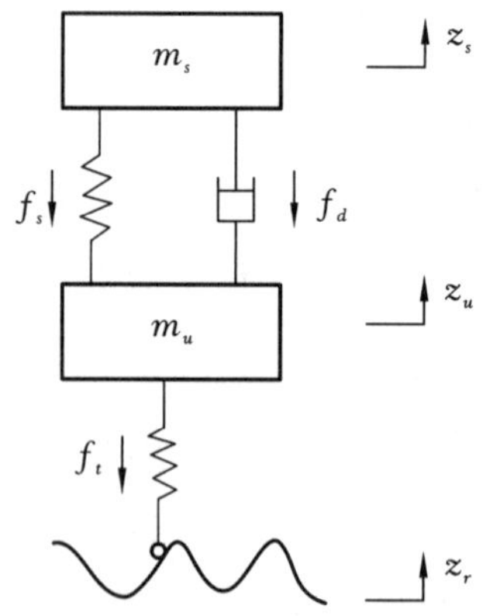

图 4-1 半主动悬架 1/4 模型

(1) 汽车半主动悬架的建模

以 1/4 汽车悬架为研究对象，建立两自由度的振动系统，即弹簧质量块模型，如图 4-1 所示。

图中 m_s、m_u 分别为簧载质量、非簧载质量；z_s、z_u、z_r 分别为簧载质量、非簧载质量及路面轮廓的垂直位移；f_s、f_d、f_t 分别为悬架弹簧的弹力、悬架的阻尼力及车轮的弹力。

根据牛顿运动定律，建立运动方程：

$$\left.\begin{aligned} m_s\ddot{z}_s+f_s+f_d=0 \\ m_u\ddot{z}_u-f_s-f_d+f_t=0 \end{aligned}\right\} \tag{4-1}$$

(2) 非线性影响因素分析

影响独立悬架的非线性因素，主要体现在阻尼非线性、弹簧特性和轮胎特性三个方面。

① 阻尼非线性方面。减振器的作用是加速车架与车身振动的衰减，改善汽车的行驶平顺性。减振器中的活塞随车架与车桥作往复相对运动，减振器壳体内的油液便反复地从一个内腔，通过一些窄小的孔隙流入另一内腔。此时，孔壁与油液间的摩擦及液体分子内摩擦形成振动的阻尼力。减振器阻尼力的大小随车架与车桥（或车轮）的相对速度的增减而增减，并且与油液的黏度有关。

通过对实际轿车前悬的测量、数据拟合，得到阻尼减振器的非线性模型：

$$f_d=c_1\Delta\dot{x}+c_2\Delta\dot{x}^2 \tag{4-2}$$

② 弹簧特性方面。根据相关文献，弹簧的弹性力表示为硬弹簧特性，将测量数据拟合得到轿车前悬的弹簧特性为：

$$f_s=k_0+k_1\Delta x+k_2\Delta x^2+k_3\Delta x^3 \tag{4-3}$$

式(4-2)、(4-3)中，$\Delta x=z_s-z_u$。

③ 轮胎特性方面。轮胎的非线性较为复杂，其弹性力可表示为：

$$f_t=k_t(z_r-z_u)+k_{tt}(z_r-z_u)^2 \tag{4-4}$$

式中，系数 k_t、k_{tt} 随轮胎充气压力、温度、老化程度、激振频率的变化而变化。其中，充气压力对轮胎弹性力的影响比较大。

(3) 系统表达式

取状态变量：

$$x=[x_1 \quad x_2 \quad x_3 \quad x_4]^{\mathrm{T}}=[z_s-z_u \quad \dot{z}_s \quad z_u-z_r \quad \dot{z}_u]^{\mathrm{T}} \tag{4-5}$$

综合以上各式，得到系统表达式如下所示。

$$\dot{x}=f(x,\mu),x\in R^4,\mu\in R \tag{4-6}$$

其中：

$$\begin{cases} \dot{x}_1=x_2-x_4 \\ \dot{x}_2=-\dfrac{1}{m_s}[k_0+k_1x_1+k_2x_1^2+k_3x_1^3+c_1(x_2-x_4)+c_2\ (x_2-x_4)^2] \\ \dot{x}_3=x_4-\dot{z}_r \\ \dot{x}_4=\dfrac{1}{m_u}[k_0+k_1x_1+k_2x_1^2+k_3x_1^3+c_1(x_2-x_4)+c_2\ (x_2-x_4)^2-k_tx_3-k_{tt}x_3^2] \end{cases}$$

4.1.2 半主动悬架的 Hopf 分岔分析

(1) Hopf 分岔的代数判据

根据相关文献，考虑一般的非线性微分方程(4-6)，系统的孤立平衡点为 $x=x_0(\mu)$，即 $f(x_0(\mu),\mu)=0$。经过适当的变换，总可以将系统(4-6)的平衡点变换到坐标原点。不失一般性，假设平衡点为坐标原点，设 $f(x,\mu)$在点$(0,0)\in \mathrm{R}^{n\times 1}$的某一邻域内关于 x 和 μ 解析，且当 μ 属于包含零在内的某一区间时，$f(x,\mu)\equiv 0$。系统(4-6)在平衡点 $x=0$ 的雅可比矩阵为：

$$\boldsymbol{A}(\mu)=\boldsymbol{D}_x(0,\mu) \tag{4-7}$$

根据经典的 Hopf 分岔定理知：

(i) $\boldsymbol{A}(\mu)=\boldsymbol{D}_x(0,\mu)$有一对复根 λ 和 $\bar{\lambda}$

$$\lambda(\mu)=\alpha(\mu)+\mathrm{i}\omega(\mu) \tag{4-8}$$

其中：

$$\omega(\mu_0)=\omega_0>0,\quad \alpha(\mu_0)=0,\quad \alpha'(\mu_0)\neq 0$$

(ii) $\boldsymbol{A}(\mu_0)$的其余 $n-2$ 个特征根具有负实部。

则系统(4-6)在参数 $\mu=\mu_0$ 处发生 Hopf 分岔，即在 $\mu=\mu_0$ 附近存在周期运动解。

将雅可比矩阵 $\boldsymbol{A}(\mu)$的特征方程 $\det(A(\mu)-\lambda I)=0$ 展开，得

$$\lambda^n+a_1(\mu)\lambda^{n-1}+\cdots+a_{n-1}(\mu)\lambda+a_n(\mu)=0 \tag{4-9}$$

将 $\alpha_i(\mu),\Delta_i(\mu)$简记为 $\alpha_i,\Delta_i(i=1,2,\cdots,n)$。由方程(4-9)的系数可构造如下的 Hurwitz 行列式：

$$\Delta_j=\begin{vmatrix} a_1 & 1 & 0 & 0 & \cdots & 0 \\ a_3 & a_2 & a_1 & 1 & \cdots & 0 \\ a_5 & a_4 & a_3 & a_2 & \cdots & 0 \\ \vdots & \vdots & \vdots & \vdots & & \vdots \\ a_{2j-1} & a_{2j-2} & a_{2j-3} & a_{2j-4} & \cdots & a_j \end{vmatrix} \quad (j=1,2,\cdots,n) \tag{4-10}$$

其中，如果 $i>n$，则 $\alpha_i=0.$。

根据参考文献[2]中的定理 1，实系数代数方程(4-9)有一对纯虚根，且其余 $n-2$个根均具有负实部的充分必要条件是

$$a_1>0,\quad a_2>0,\quad \cdots,\quad a_j>0,$$

且

$$\Delta_{n-1}=0,\quad \Delta_i>0,\quad (i=n-3,n-5,\cdots) \tag{4-11}$$

其中，Δ_i 为方程(4-9)的 Hurwitz 行列式。

(2) Hopf 分岔的数值分析

自治情况下，路面输入信号 $\dot{z}_r=0$。

设系统的平衡点为 $X_e=(\theta \quad 0 \quad 0 \quad 0)^{\mathrm{T}}$，式中 θ 为方程 $f_s=0$ 的实数解。

进行坐标平移，得到新坐标。

$$X'=[x_1-\theta \quad x_2 \quad x_3 \quad x_4]^{\mathrm{T}}$$

平移后的新系统的平衡点为：$X'=[0 \quad 0 \quad 0 \quad 0]^{\mathrm{T}}$

分离线性与非线性项得：

$$\dot{X}'=A(\mu)X'+g(X',\mu)+C \tag{4-12}$$

其中，μ 代表其中的非线性参数。$A(\mu)$是非线性函数 $f(X,\mu)$在平衡点 X_e 的雅可比矩阵，$g(X',\mu)$在 x_0 的邻域内是 x 的高阶无穷小。

$$\mathbf{A}(\mu)=\begin{bmatrix} 0 & 1 & 0 & -1 \\ -\dfrac{d}{m_s} & -\dfrac{c_1}{m_s} & 0 & \dfrac{c_1}{m_s} \\ 0 & 0 & 0 & 1 \\ \dfrac{d}{m_u} & \dfrac{c_1}{m_u} & -\dfrac{k_t}{m_u} & -\dfrac{c_1}{m_u} \end{bmatrix} \tag{4-13}$$

$$\mathbf{g}(X',\mu)=\begin{bmatrix} 0 \\ -\dfrac{1}{m_s}[(k_2+3k_3\theta)x_1'^2+k_3x_1'^3+c_2(x_2-x_4)^2] \\ 0 \\ \dfrac{1}{m_u}[(k_2+3k_3\theta)x_1'^2+k_3x_1'^3+c_2(x_2-x_4)^2-k_{tt}x_3^2] \end{bmatrix} \tag{4-14}$$

$$\mathbf{C}=\begin{bmatrix} 0 \\ -\dfrac{1}{m_s}(k_0+k_1\theta+k_2\theta^2+k_3\theta^3) \\ 0 \\ \dfrac{1}{m_u}(k_0+k_1\theta+k_2\theta^2+k_3\theta^3) \end{bmatrix} \tag{4-15}$$

式(4-13)中：$d=k_1+2k_2\theta+3k_3\theta^2$

常数不会影响动力学系统的行为性质，因此以下只对含有坐标变量的部分进行分析、变换。

这里可以用线性系统式研究非线性系统式(4-6)临界分岔位置 θ 附近以外的稳定性情况。

联系式(4-9)、(4-13)得 $\mathbf{A}(\mu)$ 的特征多项式为如下形式：

$$\left.\begin{aligned} a_1 &= c_1\left(\frac{1}{m_s}+\frac{1}{m_u}\right) \\ a_2 &= d\left(\frac{1}{m_s}+\frac{1}{m_u}\right)+\frac{k_t}{m_u} \\ a_3 &= \frac{k_t c_1}{m_s m_u} \\ a_4 &= \frac{d k_t}{m_s m_u} \end{aligned}\right\} \tag{4-16}$$

根据式(4-10)得：

$$\left.\begin{aligned} \Delta_1 &= a_1 \\ \Delta_3 &= a_1 a_2 a_3 - a_1^2 a_4 - a_3^2 \end{aligned}\right\} \tag{4-17}$$

将式(4-16)代入式(4-17)得：

$$\Delta_3 = \frac{{k_t}^2 c_1^2}{m_s {m_u}^3} \tag{4-18}$$

由各代数式及参数物理意义知：

$a_1>0$，$a_2>0$，$a_3>0$，$a_4>0$，$\Delta_1>0$，符合系统发生 Hopf 分岔的条件。

由 $\Delta_3=0$ 知，$k_t=0$，或 $c_1=0$.

当 $k_t=0$ 时，$|A(\mu)|=0$，系统失去物理意义。故只能取第二种情况 $c_1=0$。

又当 $c_1=0$ 时，$a_1=0$，$a_3=0$，$\Delta_1=0$，不符合系统 Hopf 分岔的判定条件。因此，可取 $c_1\to 0+$。

(3) Hopf 分岔点的类型判定

根据相关参考文献，C.Kim 和 P I.Ro.对“现代 Elantra”1992 款前悬架进行了 SPMD(suspension parameter measurement device)测量，并对数据拟合得到非线性方程系数如下：

$k_0=-2316.4$，$k_1=12394\text{N/m}$，$k_2=-73696\text{N/m}^2$，$k_3=3170400\text{N/m}^3$；

$c_1=1385.4\text{Ns/m}$，$c_2=524.28\text{Ns}^2/\text{m}^2$。

根据试验数据，当充气压力 200kPa 时，某 5.60R15 子午线轮胎的刚度系数为：

$$k_t=195000\text{N/m},k_{tt}=3350000\text{N/m}^2。$$

某车结构参数为：

$$m_s=337\text{kg},m_u=55\text{kg}。$$

以此研究为基础，将各系数代入式(4-3)，由 $f_s=0$ 得：$\theta=0.08274$，从而得实数解：$d=65303$。

将各参数及分岔点系数 $c_1=0$ 代入式(4-13)、(4-14) 得：

$$\mathbf{A}(\mu)=\begin{bmatrix} 0 & 1 & 0 & -1 \\ -193.78 & 0 & 0 & 0 \\ 0 & 0 & 0 & 1 \\ 1187.3 & 0 & -3545.5 & 0 \end{bmatrix} \tag{4-19}$$

$$\mathbf{g}(X',\mu)=\begin{bmatrix} 0 \\ -2116.5x_1'^2-9407.7x_1'^3-1.5557x_2^2 \\ -1.5557x_4^2+3.1114x_2x_4 \\ 0 \\ 12968x_1'^2+57644x_1'^3+9.5324x_2^2 \\ +9.5324x_4^2-19.0648x_2x_4-60909x_3^2 \end{bmatrix} \tag{4-20}$$

在分岔点处导算子的特征值、特征向量如下：

$$(\lambda_1,\lambda_2,\lambda_3,\lambda_4)=(69.1588\text{i},-69.1588\text{i},11.9852\text{i},-11.9852\text{i}) \tag{4-21}$$

特征值为 2 对共轭复数，出现双 Hopf 分岔。现以 λ_3、λ_4 为例推导。特征值对应的特征向量的实部和虚部构成的变换方阵 $\boldsymbol{T}$ 如下：

$$\boldsymbol{T}=\begin{bmatrix} 0 & 0.0151 & 0 & -0.0598 \\ 0.0422 & 0 & 0.9662 & 0 \\ 0 & 0.0144 & 0 & -0.0209 \\ -0.9989 & 0 & 0.2500 & 0 \end{bmatrix} \tag{4-22}$$

设 $\boldsymbol{X}=\boldsymbol{TY}$,得到方程组:

$$\begin{bmatrix}\dot{y}_1\\\dot{y}_2\\\dot{y}_3\\\dot{y}_4\end{bmatrix}=\begin{bmatrix}0 & -69.1588 & 0 & 0\\69.1588 & 0 & 0 & 0\\0 & 0 & 0 & -11.9852\\0 & 0 & 11.9852 & 0\end{bmatrix}\begin{bmatrix}y_1\\y_2\\y_3\\y_4\end{bmatrix}+\begin{bmatrix}h_1(y)\\h_2(y)\\h_3(y)\\h_4(y)\end{bmatrix} \tag{4-23}$$

其中,$h_i(y)(i=1,2,3,4)$包含 y_1、y_2、y_3、y_4 非线性部分。

根据中心流形定理,设:

$$\begin{bmatrix}y_1\\y_2\end{bmatrix}=\begin{bmatrix}h_{11}y_3^2+h_{12}y_3y_4+h_{13}y_4^2\\h_{21}y_3^2+h_{22}y_3y_4+h_{23}y_4^2\end{bmatrix} \tag{4-24}$$

将 y_1、y_2 代入 y_3、y_4 的方程中,不难发现只要有 y_1、y_2 出现的地方,就会导致出现形如 $y_3^p y_4^q$ 的项,如果 $p+q\geqslant 4$,将被归入 $o(|Y_3,Y_4|^4)$ 中,方程(4-23)化为:

$$\begin{cases}\dot{y}_3=-11.9852y_4-0.6053y_3^2-6.8960y_4^2+0.2401y_3^2y_4+1.9585{y_4}^3\\\quad=-11.9852y_4+U(y_3,y_4)+o(|y_3,y_4|^4)\\\dot{y}_4=11.9852y_3=11.9852y_3+V(y_3,y_4)+o(|y_3,y_4|^3)\end{cases} \tag{4-25}$$

代入分岔稳定性指标:

$$\begin{aligned}a=&\frac{1}{16}(U_{y_3y_3y_3}+U_{y_3y_4y_4}+V_{y_3y_3y_4}+V_{y_4y_4y_4})\Big|_{(0,0)}\\&+\frac{1}{16\omega}\begin{bmatrix}U_{y_3y_4}(U_{y_3y_3}+U_{y_4y_4})-V_{y_3y_4}(V_{y_3y_3}+V_{y_4y_4})\\-U_{y_3y_3}V_{y_3y_3}+U_{y_4y_4}V_{y_4y_4}\end{bmatrix}\Bigg|_{(0,0)}\end{aligned} \tag{4-26}$$

解得:$a=0$。此方法无法确定系统(4-12)的 Hopf 分岔性质。

因 $\lambda_{1,2}=\pm 69.1588\mathrm{i}$,$\lambda_{3,4}=\pm 11.9852\mathrm{i}$,根据李雅普诺夫第一运动稳定性定理,原非线性系统原点的稳定性取决于高次项,原点可能稳定也可能不稳定,为临界情况。

4.1.3 半主动悬架的 Hopf 分岔仿真

汽车结构各参数值如前所述,利用 MATLAB 软件进行数值仿真。时间历程选择[0,5],运动参数初始值设置为 $X=(0\ 0.08274\quad 0.1\quad 0.01\quad 0.1)^{T}$。

(1) 簧载质量的垂直方向速度响应

当减振器阻尼系数 $c_1=1385.4$Ns/m 时,系统做减幅振动,如图 4-2(a)所示。当 $c_1=0$ 时,系统做倍周期振动,如图 4-2(b)所示。

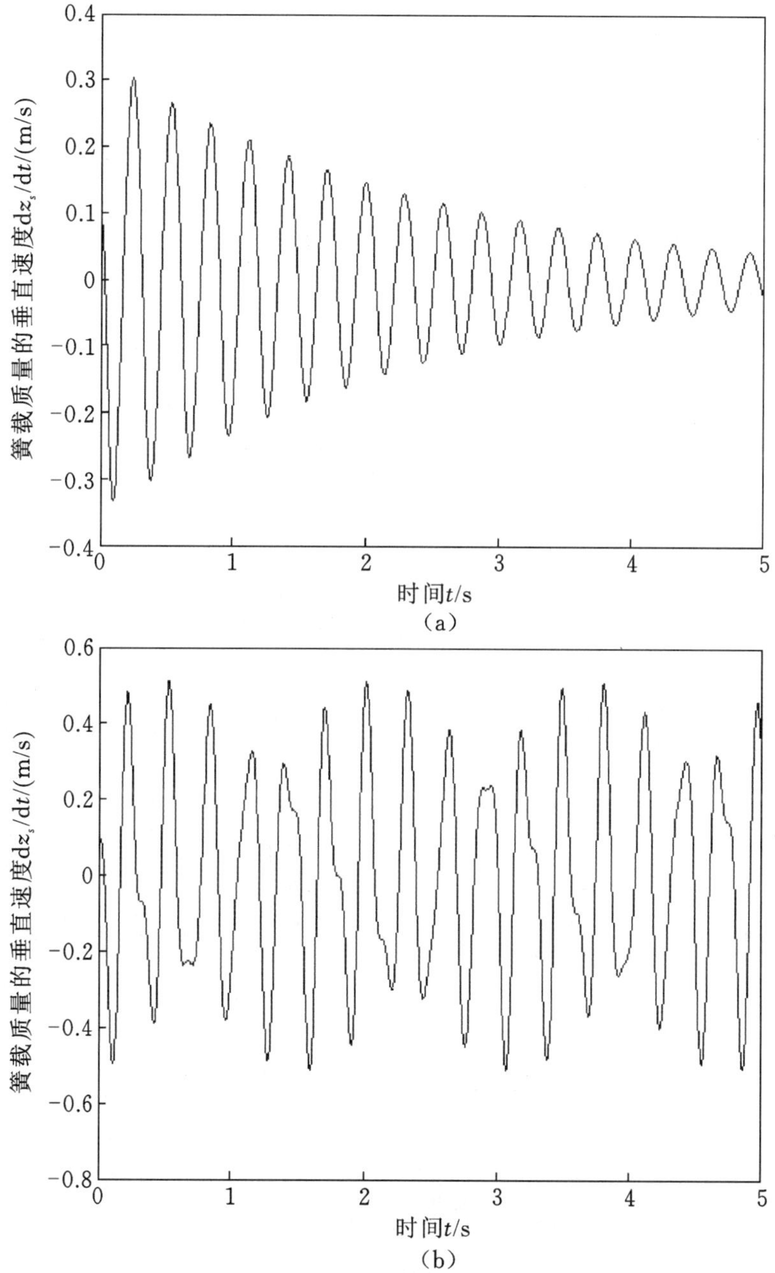

图 4-2 簧载质量的垂直方向速度时域响应

(a)$c_1=1385.4$Ns/m;(b)$c_1=0$

(2) 非簧载质量的垂直位移时域响应

非簧载质量的垂直位移时域响应与速度时域响应相似，如图 4-3 所示。

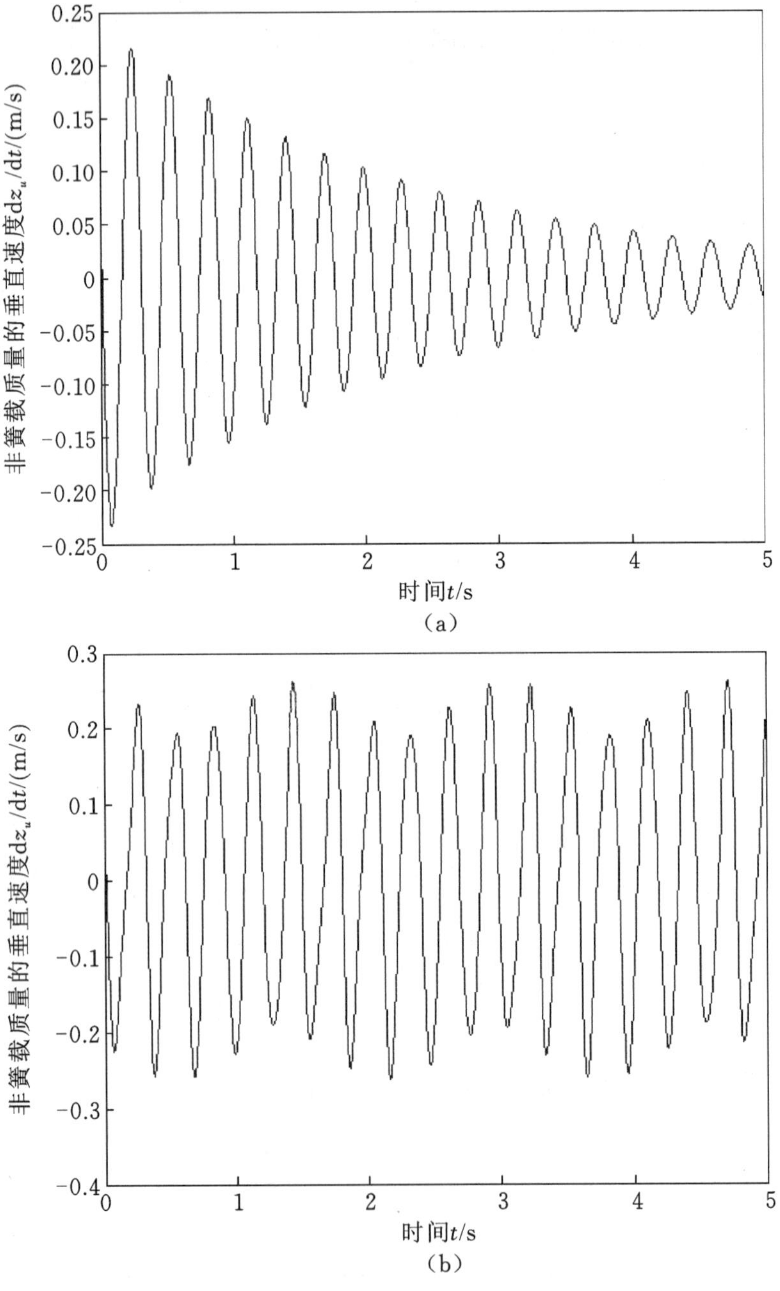

图 4-3 非簧载质量的垂直速度时域响应

(a) $c_1=1385.4$Ns/m;(b) $c_1=0$

(3) 簧载质量相对位移与垂直速度相图

簧载质量的相对位移 z_s-z_u 与簧载质量的垂直速度相图，如图 4-4 所示。当减振器阻尼系数 $c_1=0$，且减振器阻尼系数处于 Hopf 临界点时，在初始激励下，簧载质量的相对位移 z_s-z_u 与簧载质量的垂直速度相图形成一个稳定的极限外环。

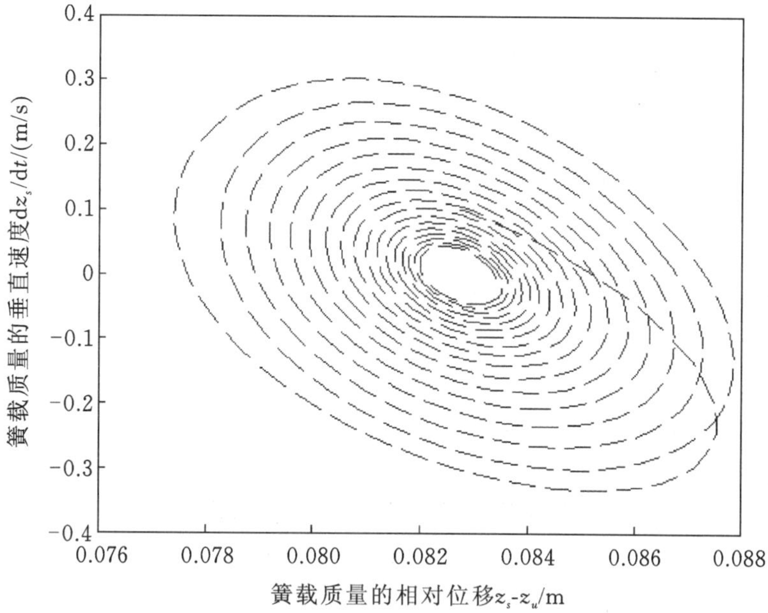

(a)

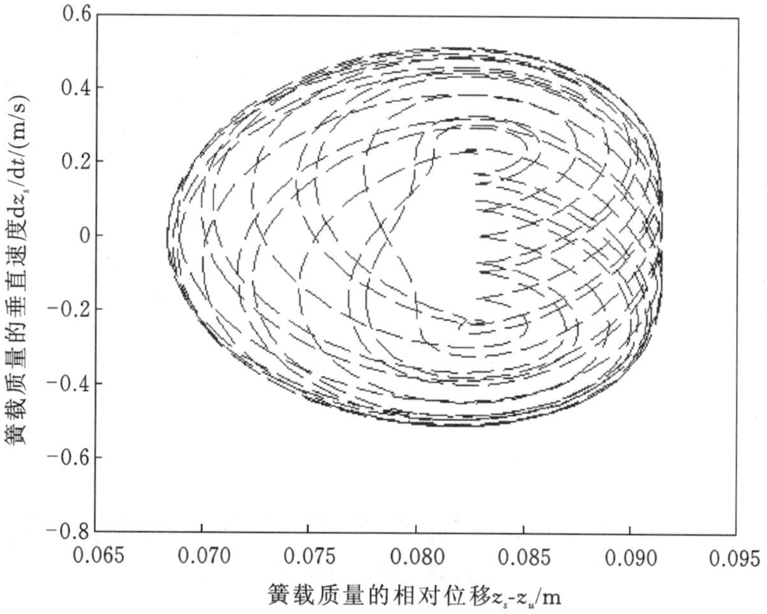

(b)

图 4-4　簧载质量的相对位移与垂直速度相图

(a) $c_1=1385.4$Ns/m；(b) $c_1=0$

(4) 非簧载质量的相对位移与垂直速度相图

非簧载质量的相对位移 z_u-z_r 和垂直速度相图与簧载质量的相似，如图 4-5 所示。

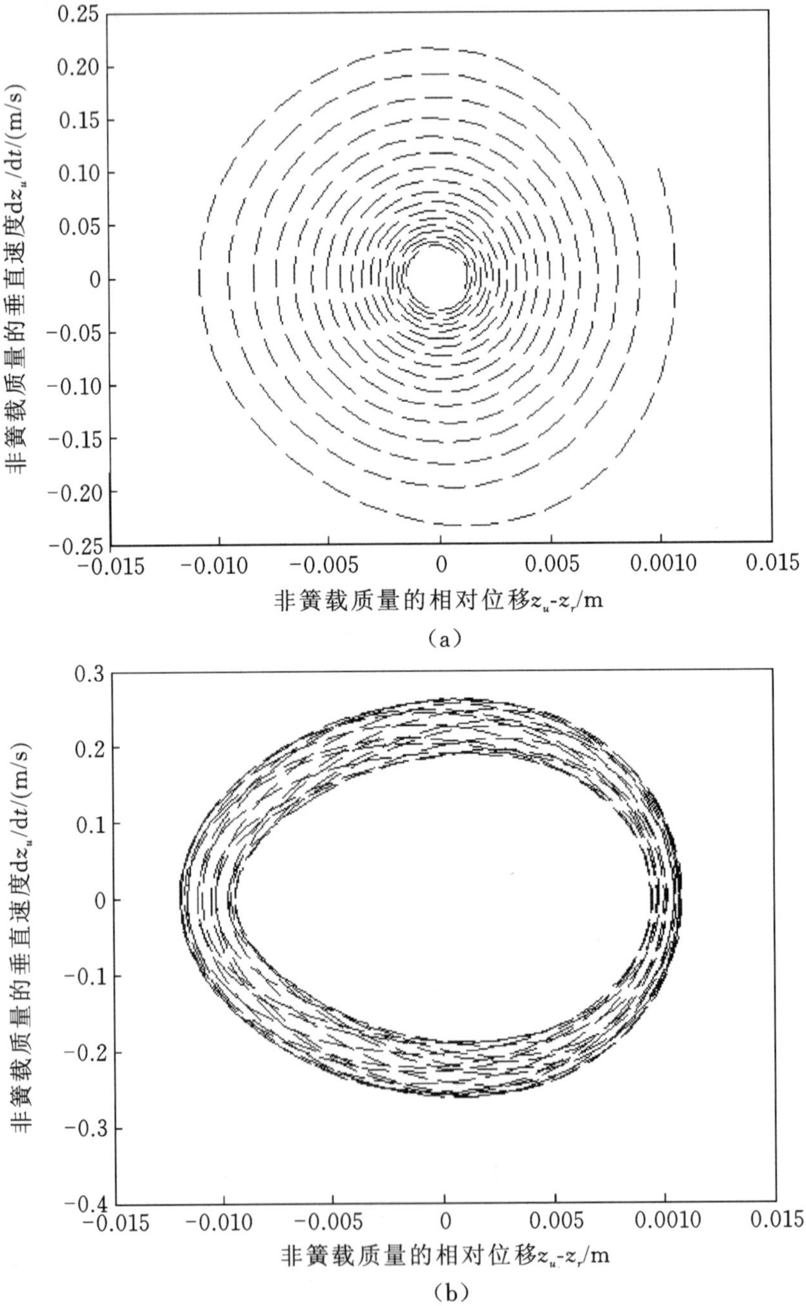

图 4-5 非簧载质量的相对位移与非簧载质量的垂直速度相图

(a) c_1=1385.4Ns/m；(b) c_1=0

由图 4-4(b)及图 4-5(b)可知,系统出现二周期极限环,与系统双 Hopf 分岔分析结果一致。

振动加速度是影响车辆行驶平顺性的三大指标之一,对簧载质量的垂直位移二次求导即为 1/4 车辆悬架的振动加速度。分析簧载质量垂直方向的位移和速度特性,可以促进对振动加速度及车辆行驶平顺性的研究。

4.2 汽车空气悬架的非线性动力学分析

当前在高级轿车、大型商用汽车、半挂车中采用空气悬架系统的越来越多。空气悬架突出的优点是平顺性好,寿命长,维修费用少;相比钢板弹簧悬架,空气悬架对承运的乘客和货物的保护有了很大的提高,而对整车和路面的损坏程度也大大减少。

空气悬架主要由空气压缩机、蓄压器、控制单元、车身高度传感器、车身加速度传感器、空气弹簧等组成。其中,空气弹簧利用空气的可压缩性,通过不同气囊的压力来平衡不同的载荷。

4.2.1 空气悬架的结构及工作原理

(1) 空气悬架的基本结构

空气弹簧悬架具有刚度可变、刚度较小、振动频率低、车身高度基本不变等优点。典型的机械式空气悬架主要包括以下几个部分:

① 空气弹簧。空气弹簧是由橡胶囊围成的一个密闭容器,在其中储入压缩空气,利用空气的可压缩性实现其弹簧的作用。

② 导向机构。导向机构用于承受汽车的纵向力、力矩及横向力。

③ 减振装置。减振装置主要用于消耗振动能量,衰减振动。

④ 高度控制阀。高度控制阀是空气弹簧悬架系统的一个重要组成部分,其主要功能是:

a. 随整车载荷变化保持合理的悬架行程;

b. 高速时降低车身高度,保持车身稳定性,减少空气阻力;

c. 在起伏不平的路面上,可以提高车身高度,从而提高汽车的通过性。

可见,通过安装高度控制阀,空气弹簧的优越性可以充分地显现出来。

⑤ 其他附属装置。空气弹簧以压缩空气作为介质,所以必须装有压气机以产生压缩空气。另外为了进一步提高空气弹簧的性能,大部分空气悬架还装有辅助气室。

(2) 空气悬架的工作原理

在理想状态下,装有空气弹簧悬架的汽车通过压缩空气的压力能够随载荷和道路条件的变化进行自动调节,不论满载还是空载,整车高度几乎不会发生变化。

空气压缩机供给储气筒压缩空气,储气筒上装有压力保护阀,当储气筒的压力超出设定压力时,压力保护阀会自动打开,卸掉过载压力。当车辆在平直路面上行驶时,高度阀的充气阀门和排气阀门均关闭,空气弹簧气囊内既不充气也不放气,车架高度保持不变。当车辆行驶在不平路面或转弯时,车轮产生的跳动或转弯离心力都会使车架产生倾斜,连接在车架上的高度控制阀的控制杆就会转过一定的角度,当车辆载荷增加时,空气弹簧被压缩,车架整体下移,高度控制阀控制杆向上旋转,使控制阀的充气阀门打开,压缩空气经高度控制阀向气囊内充气,在气压的作用下,车架回升,高度控制阀的控制杆随之向下旋转,使控制阀的充气阀门的开度逐渐变小直至关闭,此时车架恢复到设定高度,即空气弹簧气囊回升到原来的高度;当车辆载荷下降时,空气弹簧气囊在其腔内压缩空气的作用下伸长,车架整体上移,高度控制阀控制杆向下旋转,使控制阀的放气阀门打开,压缩空气经高度控制阀向外界排出,车架下降,高度控制阀控制杆随之向上旋转,使控制阀的放气阀门的开度逐渐变小直至关闭,此时车架逐渐恢复到设定高度。

4.2.2 空气悬架的特性分析

(1) 空气悬架的刚度特性

空气弹簧在有效行程内,通过增减充气压力的方法,调节空气弹簧的高度、腔内容积、刚度及承载力的大小,并且随着载荷的增减发生平稳的、周期性的变化,从而实现对承载力的柔性传递、对行程的有效调节,以及对振动振幅与振动载荷的高效控制。

假设,空气弹簧的载荷为 F,气囊内部气体的绝对压力为 P,大气压力为 P_a,

有效横截面积为 A_e，则：

$$F=(P-P_a)\times A_e \tag{4-26}$$

设 P_0 为空气弹簧静平衡位置气囊内气体的绝对压力，V、V_0 分别为空气弹簧任意位置及静平衡位置气囊内气体的容积。当载荷引起空气弹簧高度变化时，气囊的容积和内压也发生变化，其变化规律满足气体状态方程：

$$PV^n=P_0V_0^{\,n} \tag{4-27}$$

将式(4-27)代入式(4-26)得：

$$F=\left[P_0\left(\frac{V_0}{V}\right)^n-P_a\right]\times A_e \tag{4-28}$$

式中 n 为多变指数，当汽车缓慢行驶或在试验室作静态试验时，气体状态的变化接近于等温过程，取 $n=1$；当路况较差时，气体状态的变化接近于绝热过程，取 $n=1.4$；一般情况下，取 $n=1.33$。

空气弹簧的垂直刚度 k 为：

$$k=\frac{\mathrm{d}F}{\mathrm{d}x}=-np\frac{A_e}{V}\frac{\mathrm{d}V}{\mathrm{d}x}+(P-P_a)\frac{\mathrm{d}A_e}{\mathrm{d}x} \tag{4-29}$$

由于：$\frac{\mathrm{d}V}{\mathrm{d}x}=-A_e$，故：

$$k=nP\frac{A_e^2}{V}+(P-P_a)\frac{\mathrm{d}A_e}{\mathrm{d}x} \tag{4-30}$$

假设簧载质量为 M，根据式(4-26)得：

$$Mg=(P-P_a)\times A_e \tag{4-31}$$

由此得空气悬架的固有振动频率为：

$$f=\frac{1}{2\pi}\sqrt{\frac{k}{M}}=\frac{\sqrt{g}}{2\pi}\sqrt{\frac{nPA_e}{(P-P_a)V}+\frac{1}{A_e}\frac{\mathrm{d}A_e}{\mathrm{d}x}} \tag{4-32}$$

随着空气弹簧高度的变化，空气弹簧内部压力随之变化，空气弹簧的容积、有效面积也发生相应的变化，空气弹簧呈现比较复杂的非线性力学特性。

(2) 空气弹簧最大外径工作高度的分析

影响空气弹簧力学性能的因素众多，其设计制造部门通常根据试验结果进一步验证。

某机车研究所进行了相关实验。他们选择一支与载货汽车配套的活塞式空气弹簧,公称通径为 100mm,设计高度 240mm,曲数 3。实验时保持内部压力 7bar 不变,将空气弹簧工作高度从 330mm 降至 160mm,测出不同工作高度时空气弹簧的最大外径,如图 4-6 所示。

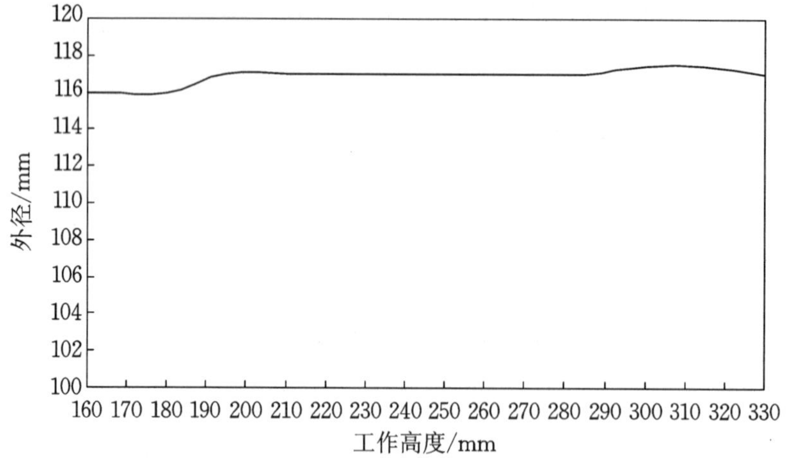

图 4-6　空气弹簧外径-工作高度曲线

实验结果显示,空气弹簧内部压强不变时,工作高度对外径的影响很小,表明空气弹簧的周向膨胀已经达到了极限。

空气弹簧的最大外径及工作高度确定了它的安装空间,决定其是否与相邻部件产生接触摩擦或发生运动干涉。

(3) 空气弹簧垂向刚度与气压、工作高度关系

将空气弹簧保持在不同高度,分别充入 3bar～7bar 气压,然后关闭气源,在 ±40mm 范围内拉伸、压缩空气弹簧,计算出空气弹簧的刚度值,最后将同一气压下的刚度值连成曲线,如图 4-7 所示。

当空气弹簧工作高度不变时,空气弹簧内部压强越大,空气弹簧的刚度越大。例如空气弹簧工作高度同为 210mm、气压分别为 3bar 与 7bar 时,垂向刚度分别为 12.24N/mm、28.39N/mm,变化幅度很大。

当空气弹簧内部压强不变时,空气弹簧工作高度越大,空气弹簧的刚度越小,二者近似为线性关系。由图 4-6 知,空气弹簧内部压强不变时,有效面积变化率趋近于 0,代入式(4-30)得:

$$k = nP\frac{A_e^2}{V} \tag{4-33}$$

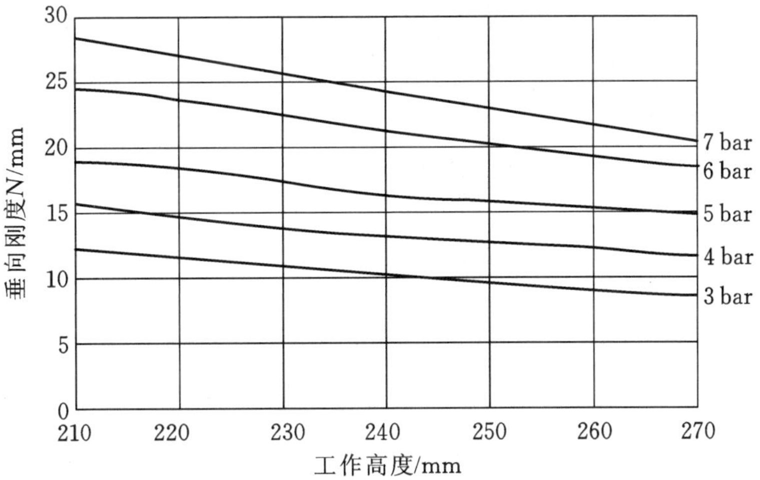

图 4-7　空气弹簧刚度-工作高度曲线

式(4-33)显示，当空气弹簧内部压强不变时，空气弹簧刚度与工作体积，或者说与工作高度成反比。试验与理论分析结果高度一致。

(4) 空气弹簧垂向载荷位移分析

将空气弹簧保持在 240mm 的工作高度，分别充入 3bar～7bar 气压，然后关闭气源，将空气弹簧升高至 330mm 高度后往下压缩至 160mm 高度，记录载荷-位移变化曲线，如图 4-8 所示，每一条曲线都具有明显的非线性特征。

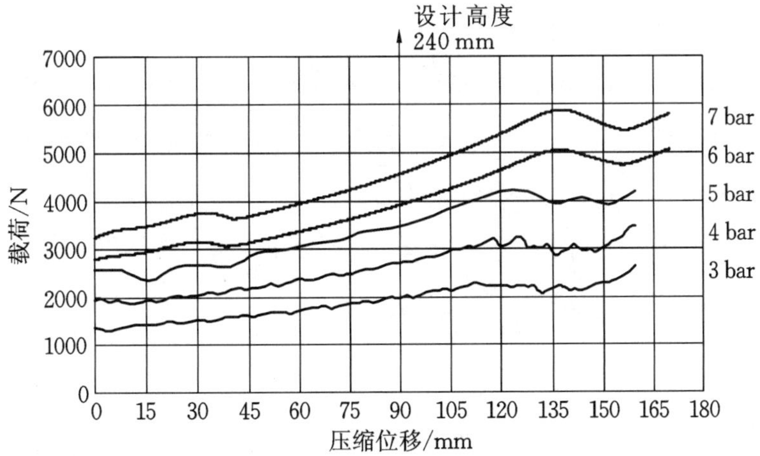

图 4-8　空气弹簧载荷-位移曲线

与设计高度位置 240mm 的承载力相比，空气弹簧压缩初期，压缩量随载荷增大而增大。空气弹簧压缩最后阶段，压缩量过大时，位移载荷曲线在某一区间变为减函数，说明超过了弹性极限，空气弹簧不再正常工作。这一特性是由空气弹簧的活塞形状决定的，活塞形状在一定程度上决定了载荷的变化趋势，也间接影响了空气弹簧的刚度。

比较各组曲线，显然空气弹簧内部气压越大，承受的载荷越大。

4.2.3 空气悬架 1/4 车辆动力学模型的建立

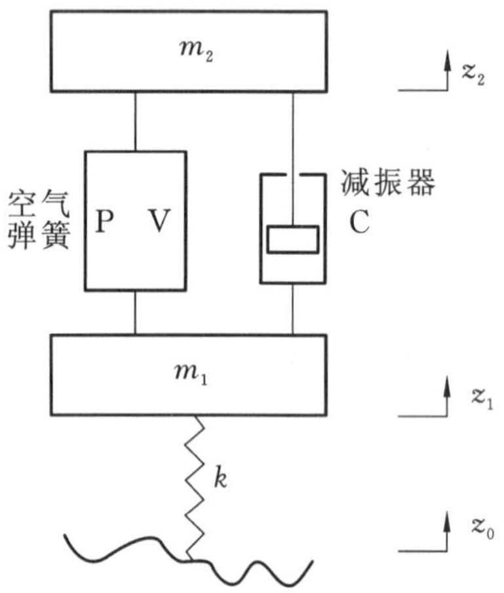

图 4-9 空气悬架系统振动模型

建立汽车悬架的动力学模型是进行性能分析和系统设计的基础。以某一车型空气悬架为例，构建了 1/4 车辆振动模型，如图 4-9 所示。

假设：

① 所研究的汽车结构、质量分布对称；

② 轮胎的力学特性简化为一般弹簧；

③ 空气悬架简化为并联的空气弹簧和减振器。

根据牛顿运动定律，得到该系统垂直方向的运动方程为：

$$\left.\begin{aligned} m_1\ddot{z}_1+c(\dot{z}_1-\dot{z}_2)-k(z_0-z_1)+(P-P_a)A_e=0 \\ m_2\ddot{z}_2-c(\dot{z}_1-\dot{z}_2)-(P-P_a)A_e=0 \end{aligned}\right\} \tag{4-34}$$

各参数含义如下：m_1、m_2 分别表示非簧载质量、簧载质量，c 表示减振器阻尼系数，k 表示轮胎刚度，变量 z_0、z_1、z_2 分别表示路面激励、非簧载质量、簧载质量的位移，P_a 为大气压，A_e 为有效横截面积。

考虑空气弹簧有效面积变化率非常小，对式(4-27)求导得：

$$\dot{P}=\frac{nA_eP}{V}(\dot{z}_1-\dot{z}_2) \tag{4-35}$$

微振动过程中有 $\dfrac{V_0}{V}\approx1$，代入式(4-27)、(4-35)得：

$$\dot{P}=\frac{nA_eP_0}{V_0}(\dot{z}_1-\dot{z}_2) \tag{4-36}$$

取状态变量

$$\boldsymbol{X}=[\dot{z}_1 \quad \dot{z}_2 \quad P-P_a \quad z_1]^{\mathrm{T}}=[x_1 \quad x_2 \quad x_3 \quad x_4]^{\mathrm{T}}$$

联系式(4-34)、式(4-35),得系统表达式:

$$\dot{X}=f(X,\gamma),X\in R^4 \tag{4-36}$$

展开如下:

$$\begin{cases}\dot{x}_1=-\dfrac{c}{m_1}x_1+\dfrac{c}{m_1}x_2-\dfrac{A_e}{m_1}x_3-\dfrac{k}{m_1}x_4+\dfrac{k}{m_1}z_0\\ \dot{x}_2=\dfrac{c}{m_2}x_1-\dfrac{c}{m_2}x_2+\dfrac{A_e}{m_2}x_3\\ \dot{x}_3=\dfrac{nA_e p_a}{V_0}x_1-\dfrac{nA_e p_a}{V_0}x_2+\dfrac{nA_e}{V_0}x_1x_3-\dfrac{nA_e}{V_0}x_2x_3\\ \dot{x}_4=x_1\end{cases}$$

自治情况下,路面输入信号 $z_0=0$,上述系统的平衡点显然是原点。

分离线性项与非线性项得:

$$\dot{X}=A(\gamma)X+g(X,\gamma) \tag{4-37}$$

其中,γ 代表其中的非线性参数。$A(\gamma)$是非线性函数 $f(X,\gamma)$在平衡点的雅可比矩阵,$g(X,\gamma)$在 x_0 的邻域内是 x 的高阶无穷小。

式中:

$$\mathbf{A}(\boldsymbol{\gamma})=\begin{bmatrix}-\dfrac{c}{m_1} & \dfrac{c}{m_1} & -\dfrac{A_e}{m_1} & -\dfrac{k}{m_1}\\ \dfrac{c}{m_2} & -\dfrac{c}{m_2} & \dfrac{A_e}{m_2} & 0\\ \dfrac{nA_e p_a}{V_0} & -\dfrac{nA_e p_a}{V_0} & 0 & 0\\ 1 & 0 & 0 & 0\end{bmatrix}$$

$$\mathbf{g}(\mathbf{X},\boldsymbol{\gamma})=\begin{bmatrix}\dfrac{k}{m_1}z_0 & 0 & \dfrac{nA_e}{V_0}x_1x_3-\dfrac{nA_e}{V_0}x_2x_3 & 0\end{bmatrix}^{\mathrm{T}}$$

4.2.4 空气悬架非线性动力学仿真

设汽车空气悬架的基本参数:$m_1=40\text{kg}$,$m_2=400\text{kg}$,$C=1500\text{N}\cdot\text{s/m}$,$A_e=0.0314\text{m}^2$,$k=180000\text{N/m}$,$n=1.4$,$P_a=101000\text{Pa}$,空气弹簧内半径取 0.1m,初始激励 $z_0=0.02\text{m}$。

当空气弹簧有效面积不变,高度 h 分别为 0.06m、0.12m、0.24m 时,空气悬架系统簧载质量加速度响应曲线分别如图 4-10、图 4-11、图 4-12 所示。在空气弹簧有效面积不变的情况下,其高度决定容积大小。比较可见,空气弹簧的高度对簧载质量加速度的振幅和频率都有影响,对振幅的影响更明显。空气弹簧的高度越大,空气弹簧簧载质量加速度的振幅和频率越小,减振效果越好。

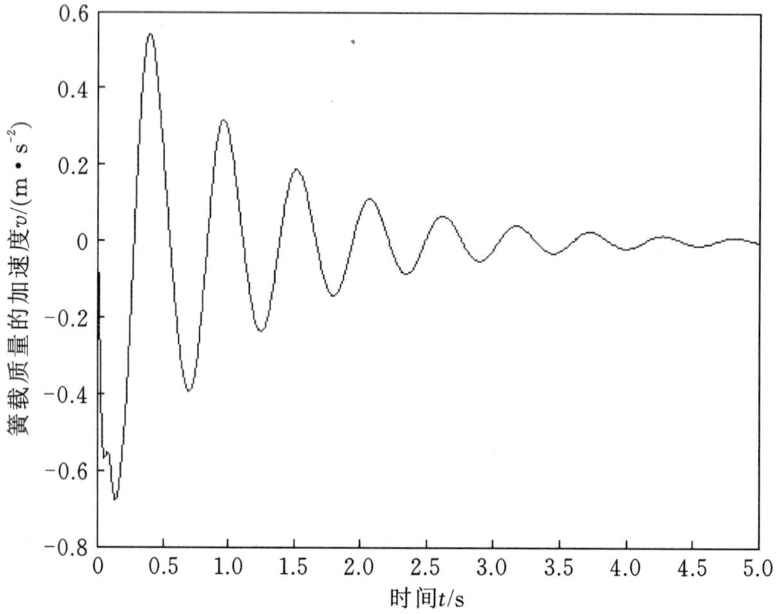

图 4-10　簧载质量加速度曲线($h=0.06$m)

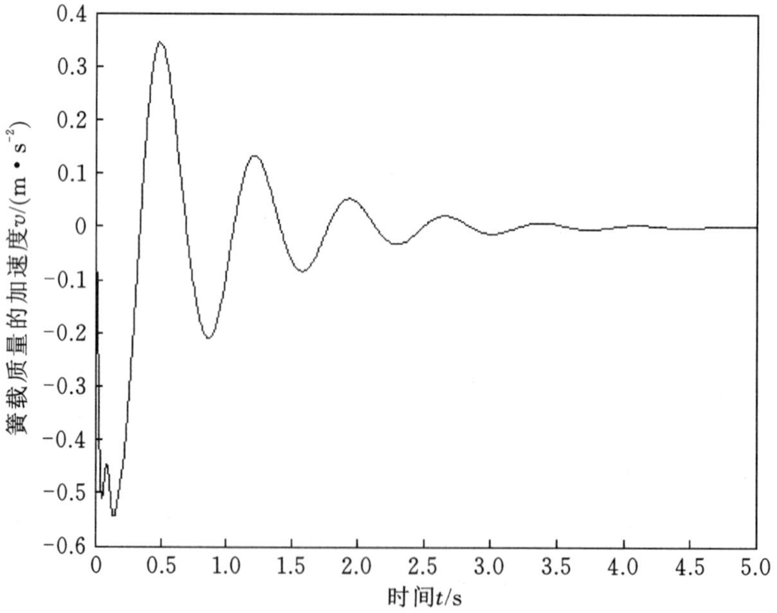

图 4-11　簧载质量加速度曲线($h=0.12$m)

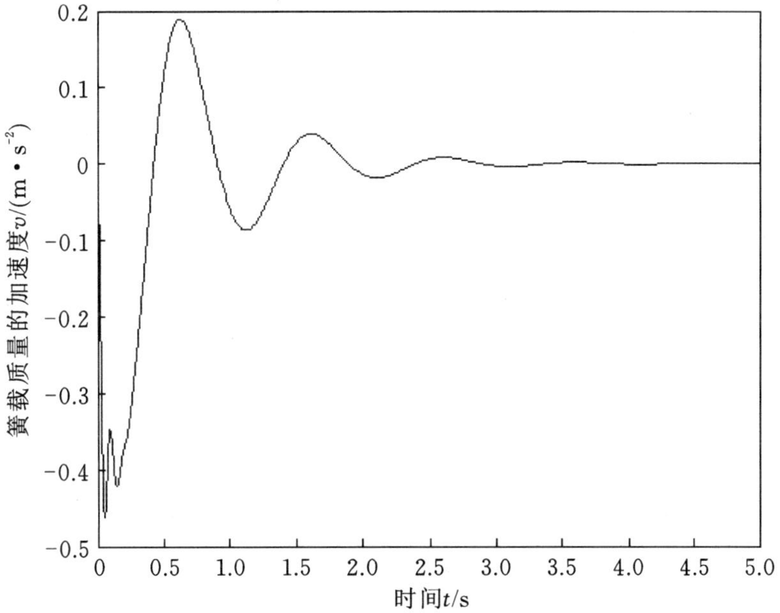

图 4-12 簧载质量加速度曲线($h=0.24$m)

系统其他条件保持不变，当空气弹簧的高度为 0.24m，且阻尼系数减半至 $C=750$N·s/m 时，空气悬架系统簧载质量加速度响应曲线如图 4-13 所示。

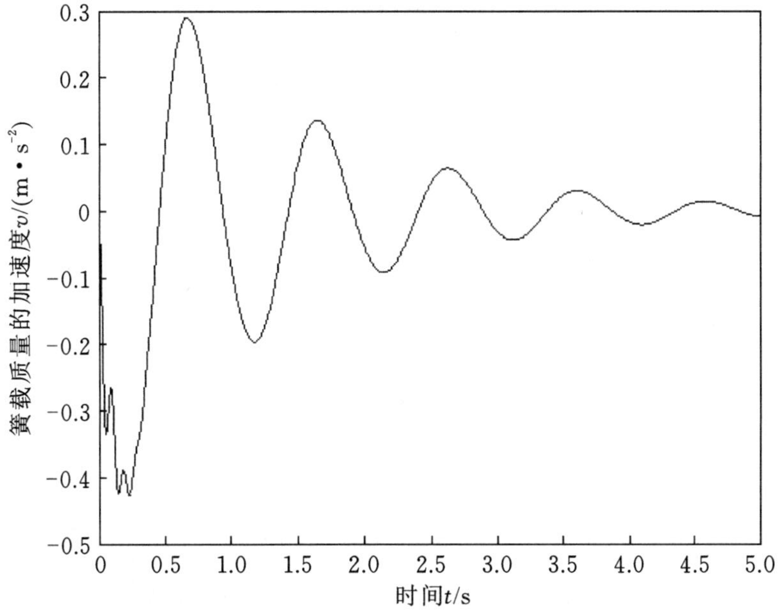

图 4-13 簧载质量加速度曲线($h=0.24$m，$c=750$N·s/m)

比较图 4-12、图 4-13，可见在悬架系统中，空气弹簧和减振器对簧载质量的加速度和频率都有影响，合理选择它们的结构参数，可以改变其运行参数，从而提高车辆的舒适性。

4.3 汽车附加气室油气悬架单自由度非线性强迫振动分析

油气悬架一般由油气弹簧和导向机构两部分组成。分隔式单气腔油气弹簧结构如图 4-14 所示，主要由油腔Ⅰ、Ⅱ、Ⅲ和气腔Ⅳ组成，油腔Ⅰ、Ⅱ通过单向阀 1 和阻尼阀 2 连接油路。压缩行程单向阀 1、阻尼阀 2 都打开，Ⅰ腔的油液流向Ⅱ、Ⅲ腔，蓄能器体积变小。伸张行程单向阀 1 关闭、阻尼阀 2 打开，Ⅱ、Ⅲ腔的油液分别通过阻尼阀和管道流向Ⅰ腔，蓄能气腔Ⅳ体积变大。油气弹簧以油液为传力介质，以气体（一般是惰性气体"氮气"）为弹性介质，因此可以看作是液力减振器和空气弹簧的组合部件。

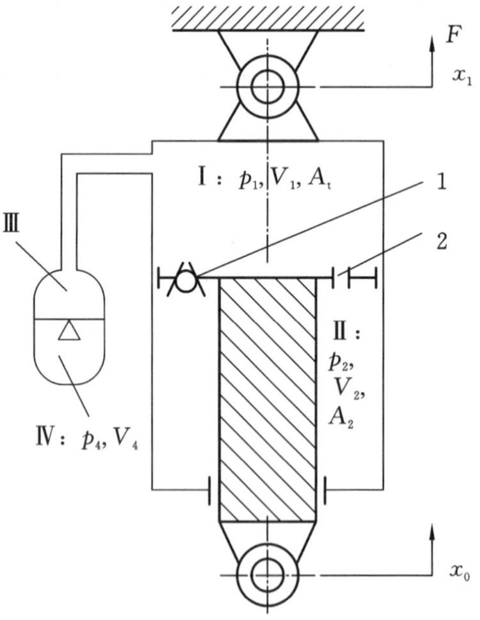

图 4-14 单气室油气弹簧的结构及 1/4 车辆油气悬架模型

4.3.1　分隔式油气弹簧输出力的计算

为了方便研究，油气悬架模型简化如下：

① Ⅰ腔与Ⅲ腔通道足够大，无阻尼；

② 油液不可压缩、无气穴现象；

③ 不计牛顿内摩擦力，以及油液与油缸组件的质量。

某汽车油气弹簧参数及数值如表 4-1 所示。

表 4-1　某汽车油气弹簧参数

参数含义	符号	参数值
簧载质量	m	560kg
油腔Ⅰ面积	A_1	0.025447m^2
油腔Ⅰ平衡状态压强	P_{10}	
油腔Ⅱ面积	A_2	0.009m^2
油腔Ⅱ平衡状态压强	P_{20}	
气腔Ⅳ工作压强	P_4	
气腔Ⅳ平衡状态压强	P_{40}	$1.5\times10^6\text{Pa}$
气腔Ⅳ工作体积	V_4	
气腔Ⅳ平衡状态体积	V_{40}	0.002m^3
液压油密度	ρ	$900\text{kg}\cdot\text{m}^{-3}$
阻尼孔过流面积	A_z	$2.5\times10^{-5}\text{m}^2$
单向阀过流面积	A_d	$1.13\times10^{-4}\text{m}^2$
阻尼孔流量系数	C_z	0.82
单向阀流量系数	C_d	0.25

悬架在平衡位置的方程为：

$$P_{10}=P_{20}=P_{40}=\frac{mg}{A_1-A_2} \tag{4-38}$$

气腔状态方程为：

$$P_4V_4^n=P_{40}V_{40}^n \tag{4-39}$$

式中，n 为气体多变指数，其含义与式(4-27)解释一致。根据相关文献，当汽车振动剧烈时，气体的状态变化近似于绝热过程；当汽车振动缓慢时，气体的状态变化可以近似看作等温过程。

设 $x_1-x_0=x$，x 为油缸的动态行程，假设压缩行程为正。根据油液不可压缩、无气穴条件，气腔Ⅳ体积为：

$$V_4=V_{40}-(A_1-A_2)x \tag{4-40}$$

不计Ⅲ、Ⅳ腔之间的活塞质量，两腔压强数值相等。

$$P_1=P_4=\frac{mgV_{40}^n}{(A_1-A_2)\,[V_{40}-(A_1-A_2)x]^n} \tag{4-41}$$

设Ⅰ、Ⅱ两腔间的压强差为 ΔP，则：

$$\Delta P=P_1-P_2 \tag{4-42}$$

油气弹簧输出力为：

$$F=P_1A_1-P_2A_2 \tag{4-43}$$

把式(4-41)、(4-42)代入式(4-43)得：

$$F=\frac{mgV_{40}^n}{[V_{40}-(A_1-A_2)x]^n}+A_2\Delta P \tag{4-44}$$

设 q_v 为单位时间的体积流量，根据相关文献，不计油液压缩体积变化，体积流量与活塞速度关系为：

$$q_v=A_2\dot{x} \tag{4-45}$$

Ⅰ、Ⅱ腔油液流量为：

$$q_v=[C_zA_z+C_dA_d(0.5+0.5\operatorname{sgn}(\dot{x}))]\sqrt{\frac{2}{\rho}\Delta P} \tag{4-46}$$

由上述二式得：

$$\Delta P=\frac{A_2^2\rho\dot{x}^2}{2\,[C_zA_z+C_dA_d(0.5+0.5\operatorname{sgn}(\dot{x}))]^2} \tag{4-47}$$

油气弹簧输出力为：

$$F=\frac{mgV_{40}^{n}}{[V_{40}-(A_1-A_2)x]^{n}}+\frac{A_2{}^{3}\rho\dot{x}^{2}}{2[C_zA_z+C_dA_d(0.5+0.5\mathrm{sgn}(\dot{x}))]^{2}} \tag{4-48}$$

将上式第一项麦克劳林展开,并代入原式得:

$$F=mg+k_1x+k_2x^2+k_3\dot{x}^2 \tag{4-49}$$

式中:

$$k_1=\frac{n(A_1-A_2)mg}{V_{40}},\quad k_2=\frac{n(n+1)(A_1-A_2)^2mg}{2V_{40}{}^{2}}$$

$$k_3=\frac{A_2{}^{3}\rho}{2[C_zA_z+C_dA_d(0.5+0.5sgn(\dot{x}))]^{2}}$$

4.3.2 汽车油气悬架的动力学特性分析

在图 4-14 中,设路面激励为 $x_0=A\sin vt$,则:

$$\dot{x}_0=Av\cos vt \tag{4-50}$$

二次求导得:

$$\ddot{x}_0=-Av^2\sin vt \tag{4-51}$$

油气悬架系统的振动方程为:

$$m\ddot{x}_1+F-mg=0 \tag{4-52}$$

将 $x_1-x_0=x$ 变换后代入上式得:

$$\ddot{x}+\frac{k_1}{m}x=-\frac{k_2}{m}x^2-\frac{k_3}{m}\dot{x}^2+Av^2\sin vt \tag{4-53}$$

设 $\frac{k_1}{m}=\omega^2,T_1=\frac{1}{\omega},T_2=\frac{m}{k_2},\varepsilon=\frac{T_2}{T_1}=\frac{\sqrt{k_1m}}{k_2}$,主共振时激励频率满足 $v=\omega+\varepsilon\sigma$,其中 $\sigma=0(1)$ 为调谐参数,ε 为小参数。将上述式子代入振动方程,并忽略二次无穷小,得:

$$\ddot{x}+v^2x=\varepsilon(h_1x-h_2x^2-h_3\dot{x}^2+E\sin vt) \tag{4-54}$$

式中:

$$h_1=2\sigma\nu,h_2=\frac{k_2k_2}{m\sqrt{k_1m}},\quad h_3=\frac{k_2k_3}{m\sqrt{k_1m}},E=\frac{k_2Av^2}{\sqrt{k_1m}}$$

用平均法研究系统的主共振。设上述方程的解为:

$$\left.\begin{aligned}x&=a\cos\psi\\ \dot{x}&=-av\sin\psi\end{aligned}\right\}\tag{4-55}$$

其中：

$$\psi=vt+\theta$$

设 $f(a\cos\psi,-av\sin\psi)=h_1x-h_2x^2-h_3\dot{x}^2+E\sin vt$，方程变为：

$$\ddot{x}+v^2x=\varepsilon f(a\cos\psi,-av\sin\psi)\tag{4-56}$$

由相关参考文献知平均法计算公式：

$$\begin{cases}\dfrac{\mathrm{d}a}{\mathrm{d}t}=-\dfrac{\varepsilon}{v}f(a\cos\psi,-av\sin\psi)\sin\psi=\varepsilon\varphi(a,\psi)\\ \dfrac{\mathrm{d}\theta}{\mathrm{d}t}=-\dfrac{\varepsilon}{av}f(a\cos\psi,-av\sin\psi)\cos\psi=\varepsilon\varphi^*(a,\psi)\end{cases}\tag{4-57}$$

$$\left.\begin{aligned}\phi&=-\frac{1}{v}\left[h_1a\sin\psi\cos\psi-h_2a^2\sin\psi\cos^2\psi-h_3a^2v^2\sin^3\psi+\frac{E}{2}\cos\theta-\frac{E}{2}\cos(2vt+\theta)\right]\\ \phi^*&=-\frac{1}{av}\left[h_1a\cos^2\psi-h_2a^2\cos^3\psi-h_3a^2v^2\sin^2\psi\cos\psi+\frac{E}{2}\sin\theta+\frac{E}{2}\sin(2vt+\theta)\right]\end{aligned}\right\}\tag{4-58}$$

由式(4-57)知，振幅和相位关于时间的导数是与 ε 成正比的量，因此设函数 a、θ 由分别平稳变化的项 y、β 和小摄动项叠加而成，取 KB 变换。

$$\begin{cases}a=y+\varepsilon U_1(t,y,\beta)+\varepsilon^2U_2(t,y,\beta)+\cdots\\ \theta=\beta+\varepsilon V_1(t,y,\beta)+\varepsilon^2V_2(t,y,\beta)+\cdots\end{cases}\tag{4-59}$$

并要求新变量 y、β 的导数为：

$$\begin{cases}\dfrac{\mathrm{d}y}{\mathrm{d}t}=\varepsilon Y_1(y)+\varepsilon^2Y_2(y)+\varepsilon^3Y_3(y)+\cdots\\ \dfrac{\mathrm{d}\beta}{\mathrm{d}t}=\varepsilon Z_1(y)+\varepsilon^2Z_2(y)+\varepsilon^3Z_3(y)+\cdots\end{cases}\tag{4-60}$$

其中 Y_1,Y_2,Y_3,Z_1,Z_2,Z_3 不显含时间 t；U_1,U_2,V_1,V_2 是 β 的周期为 2π 的函数，以及是 t 的周期为 T 的函数。

将式(4-59)求导后代入式(4-57)，并考虑式(4-60)，得：

$$\begin{aligned}\frac{\mathrm{d}a}{\mathrm{d}t}&=\varepsilon Y_1+\varepsilon^2 Y_2+\varepsilon^3 Y_3+\varepsilon\frac{\partial U_1}{\partial t}+\varepsilon\frac{\partial U_1}{\partial y}(\varepsilon Y_1+\varepsilon^2 Y_2+\varepsilon^3 Y_3)\\&\quad+\varepsilon\frac{\partial U_1}{\partial\beta}(\varepsilon Z_1+\varepsilon^2 Z_2+\varepsilon^3 Z_3)+\varepsilon^2\frac{\partial U_2}{\partial t}\\&\quad+\varepsilon^2\frac{\partial U_2}{\partial y}(\varepsilon Y_1+\varepsilon^2 Y_2+\varepsilon^3 Y_3)+\varepsilon^2\frac{\partial U_2}{\partial\beta}(\varepsilon Z_1+\varepsilon^2 Z_2+\varepsilon^3 Z_3)\\&=\varepsilon\phi(t,y,\beta,\varepsilon)=\varepsilon\phi_0+\varepsilon^2\phi_1+\cdots\end{aligned}\tag{4-61}$$

$$\begin{aligned}\frac{\mathrm{d}\theta}{\mathrm{d}t}&=\varepsilon Z_1+\varepsilon^2 Z_2+\varepsilon^3 Z_3+\varepsilon\frac{\partial V_1}{\partial t}+\varepsilon\frac{\partial V_1}{\partial y}(\varepsilon Y_1+\varepsilon^2 Y_2+\varepsilon^3 Y_3)\\&\quad+\varepsilon\frac{\partial V_1}{\partial\beta}(\varepsilon Z_1+\varepsilon^2 Z_2+\varepsilon^3 Z_3)+\varepsilon^2\frac{\partial V_2}{\partial t}\\&\quad+\varepsilon^2\frac{\partial V_2}{\partial y}(\varepsilon Y_1+\varepsilon^2 Y_2+\varepsilon^3 Y_3)+\varepsilon^2\frac{\partial V_2}{\partial\beta}(\varepsilon Z_1+\varepsilon^2 Z_2+\varepsilon^3 Z_3)\\&=\varepsilon\phi^*(t,y,\beta,\varepsilon)=\varepsilon\phi_0^*+\varepsilon^2\phi_1^*+\cdots\end{aligned}\tag{4-62}$$

令上述两式两端 ε 同次方的系数相同，得到 Y,Z,U,V 的微分方程式，前两项的系数方程为：

$$\left.\begin{aligned}Y_1+\frac{\partial U_1}{\partial t}=\phi_0\\Z_1+\frac{\partial V_1}{\partial t}=\phi_0^*\end{aligned}\right\}\tag{4-63}$$

其中：

$$\begin{cases}\phi_0=-\dfrac{1}{v}\left[h_1 y\sin\psi\cos\psi-h_2 y^2\sin\psi\cos^2\psi-h_3 y^2 v^2\sin^3\psi+\dfrac{E}{2}\cos\theta-\dfrac{E}{2}\cos(2vt+\theta)\right]\\\phi_0^*=-\dfrac{1}{vy}\left[h_1 y\cos^2\psi-h_2 y^2\cos^3\psi-h_3 y^2 v^2\sin^2\psi\cos\psi+\dfrac{E}{2}\sin\theta+\dfrac{E}{2}\sin(2vt+\theta)\right]\end{cases}\tag{4-64}$$

令 $\dot{x}=0$，当 $\psi\in[0,2\pi]$时，由式(4-55)得：$\psi_1=0$，$\psi_2=\pi$，$\psi_3=2\pi$，因此：

$$\begin{cases}\dot{x}\leqslant 0,\psi\in[0,\pi]\\\dot{x}\geqslant 0,\psi\in[\pi,2\pi]\end{cases}$$

$$
\begin{aligned}
Y_1 &= \frac{1}{T}\int_0^T \left(\varphi_0 - \frac{\partial U_1}{\partial t}\right)\mathrm{d}t \\
&= \frac{1}{2\pi}\int_0^{2\pi} \left(\varphi_0 - \frac{\partial U_1}{\partial t}\right)\mathrm{d}\psi \\
&= \frac{1}{2\pi}\int_0^{2\pi} \varphi_0 \mathrm{d}\psi \\
&= -\frac{1}{2\pi v}\int_0^{2\pi} \Big(h_1 y\sin\psi\cos\psi - h_2 y^2 \sin\psi \cos^2\psi - h_3 y^2 v^2 \sin^3\psi \\
&\quad + \frac{E}{2}\cos\theta - \frac{E}{2}\cos(2vt+\theta)\Big)\mathrm{d}\psi \\
&= \frac{1}{2\pi v}\int_0^{2\pi} (h_3 y^2 v^2 \sin^3\psi - \frac{E}{2}\cos\theta)\mathrm{d}\psi \\
&= \frac{k_2\rho v y^2 A_2{}^3}{4\pi m\sqrt{k_1 m}}\left[\int_0^{\pi} \frac{\sin^3\psi}{(C_z A_z)^2}\mathrm{d}\psi + \int_{\pi}^{2\pi} \frac{\sin^3\psi}{(C_z A_z + C_d A_d)^2}\mathrm{d}\psi\right] - \frac{1}{2\pi v}\int_0^{2\pi} \frac{E}{2}\cos\theta \mathrm{d}\psi \\
&= \frac{k_2\rho v y^2 A_2{}^3 \left[(C_d A_d)^2 + 2C_d A_d C_z A_z\right]}{3\pi m\sqrt{k_1 m}\,(C_z A_z)^2\,(C_z A_z + C_d A_d)^2} - \frac{E}{2v}\cos\theta
\end{aligned}
\tag{4-65}
$$

$$
\begin{aligned}
Z_1 &= \frac{1}{T}\int_0^T \left(\phi_0^* - \frac{\partial U_1}{\partial t}\right)\mathrm{d}t \\
&= \frac{1}{2\pi}\int_0^{2\pi} \left(\phi_0^* - \frac{\partial U_1}{\partial t}\right)\mathrm{d}\psi \\
&= \frac{1}{2\pi}\int_0^{2\pi} \phi_0^* \mathrm{d}\psi \\
&= -\frac{1}{2\pi v y}\int_0^{2\pi} (h_1 y \cos^2\psi - h_2 y^2 \cos^3\psi - h_3 y^2 v^2 \sin^2\psi\cos\psi \\
&\quad + \frac{E}{2}\sin\theta + \frac{E}{2}\sin(2vt+\theta))\mathrm{d}\psi \\
&= \frac{1}{2\pi v y}\int_0^{2\pi} (-h_1 y \cos^2\psi + h_3 y^2 v^2 \sin^2\psi\cos\psi - \frac{E}{2}\sin\theta)\mathrm{d}\psi \\
&= \frac{yv}{2\pi}\left[\int_0^{\pi} \frac{\sin^2\psi\cos\psi}{(C_z A_z)^2}\mathrm{d}\psi + \int_{\pi}^{2\pi} \frac{\sin^2\psi\cos\psi}{(C_z A_z + C_d A_d)^2}\mathrm{d}\psi\right] - \frac{h_1}{2\pi v}\int_0^{2\pi} \cos^2\psi \mathrm{d}\psi
\end{aligned}
$$

$$
\begin{aligned}
&-\frac{1}{2\pi v y}\int_{0}^{2\pi}\frac{E}{2}\sin\theta\,\mathrm{d}\psi \\
&=-\frac{h_1}{2v}-\frac{E}{2vy}\sin\theta \\
&=-\sigma-\frac{E}{2vy}\sin\theta
\end{aligned}
\tag{4-66}
$$

设：

$$
B=\frac{k_2\rho A_2{}^3\left[(C_dA_d)^2+2C_dA_dC_zA_z\right]}{3\pi m\sqrt{k_1 m}\,(C_zA_z)^2(C_zA_z+C_dA_d)^2}
\tag{4-67}
$$

由上述各式得：

$$
\begin{cases}
\dfrac{\mathrm{d}y}{\mathrm{d}t}=\varepsilon\left(Bvy^2-\dfrac{E}{2v}\cos\theta\right)\\[2ex]
\dfrac{\mathrm{d}\beta}{\mathrm{d}t}=-\varepsilon\left(\sigma+\dfrac{E}{2vy}\sin\theta\right)
\end{cases}
\tag{4-68}
$$

令$\dfrac{\mathrm{d}y}{\mathrm{d}t}=0$，$\dfrac{\mathrm{d}\beta}{\mathrm{d}t}=0$，消去上式中的 θ，得到系统定常解的幅频响应方程：

$$
4B^2v^4y^4+4v^2\sigma^2y^2-E^2=0
\tag{4-69}
$$

由式(4-55)、(4-59)得系统稳态响应的一次近似定常解为：

$$
x=y\cos(vt+\theta)
\tag{4-70}
$$

其中，参数 y 由方程(4-69)得到，θ 由$\dfrac{\mathrm{d}y}{\mathrm{d}t}=0$ 得到，结果如下：

$$
y^2=\frac{\sqrt{B^2E^2+\sigma^4}-\sigma^2}{2B^2v^2}
\tag{4-71}
$$

$$
\theta=\arccos\left(\frac{\sqrt{B^2E^2+\sigma^4}-\sigma^2}{BE}\right)
\tag{4-72}
$$

4.3.3 汽车油气悬架的动力学仿真

将表 4-1 各参数代入软件，得到汽车油气悬架的仿真曲线如图 4-15 所示，图中虚线表示压缩行程振幅，实线表示计算结果，二者基本一致。

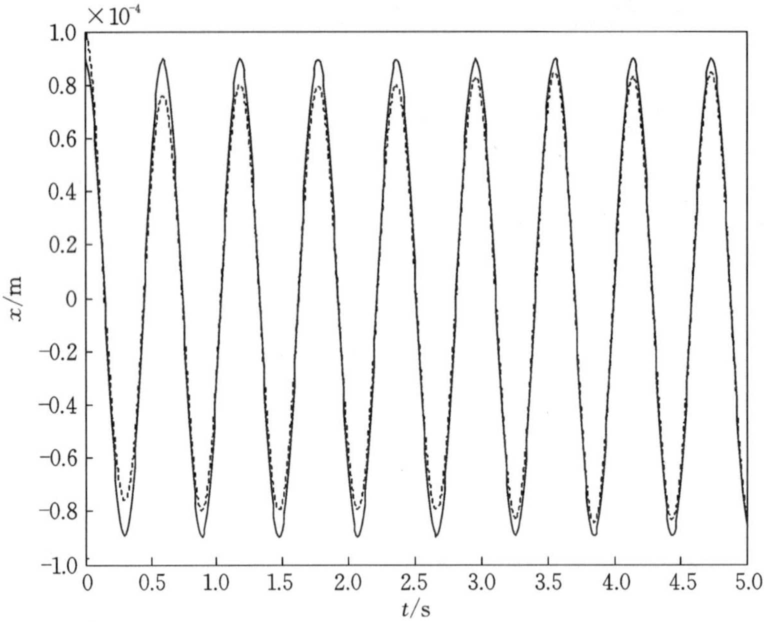

图 4-15　汽车油气悬架的仿真曲线

参 考 文 献

[1] 王洪礼,张琪昌等. 非线性动力学理论与应用[M] .天津:天津科学技术出版社,2002.

[2] 张继业,杨翊仁,曾京. Hopf 分岔的代数判据及其在车辆力学中的应用[J]. 力学学报,2000,32(5):596-605.

[3] 李宇燕,黄协清.橡胶空气弹簧隔振设计及性能分析[J]. 机械强度,2010,32(5),712-714.

[4] 杨国库.客车空气悬架高度控制阀种类及布置 [J]. 客车技术与研究,2010,32(05),42-43.

[5] 杨启耀,张文娜,王存宝等.空气悬架弹性元件特性的理论研究[J]. 安徽建筑工业学院学报(自然科学版),2008,18(3),89-92.

[6] 熊顺源,鲍卫宁.空气悬架系统参数的计算与选取[J].机械制造,2008,46(12):8-10.

[7] 袁玉亮.基于模糊控制的空气悬架模型建立[J] .北华航天工业学院学报,2008,18(6),22-25.

[8] 郑明军,陈潇凯,林逸.空气弹簧力学模型与特性影响因素分析[J].农业机械学报,2008,39(5),10-14.

[9] 邹游,喻凡,孙涛.非线性油气悬架的平顺性仿真研究[J].系统与仿真,2004(10):157-159.

[10] 曹树平,易孟林.油气悬架非线性刚度模型的统计线性化分析[J].华中科技大学学报(自

然科学版),2002,30(6):10-12.

[11] 段俊法,孙永生,杨振中.基于 MATLAB/SIMULlNK 的油气悬架动力学仿真[J].拖拉机与农用运输车,2010,37(4),59-61.

[12] 姚嘉伶,蔡伟义,陈宁.汽车半主动悬架系统发展状况[J].汽车工程,2006,(3):276-180.

[13] 袁传义,陈龙,刘成晔,等.EPS 与主动悬架系统自适应模糊集成控制的仿真与试验研究[J].汽车工程,2010,32(01):22-25.

[14] 周兵,赵宝华.汽车主动悬架自适应模糊 PID 控制仿真研究[J].湖南大学学报(自然科学版),2009,36(12):26-30.

[15] 任成龙.非线性汽车悬架的混沌特性[J].湖南科技大学学报(自然科学版),2010,25(2):99-101.

[16] 李士松. 考虑阻尼非线性的汽车悬架的平顺性预测[J].北方交通大学学报,1997,21(4):459-461

[17] 丁文镜.减振理论[M].北京:清华大学出版社. 1988

[18] 下乡太郎.随机振动最优控制理论及应用[M].北京:宇航出版社,1984.

[19] 陆启韶,彭临平,杨卓琴. 常微分方程与动力系统[M]. 北京:北京航空航天大学出版社,2010.

5 车身侧倾4WS汽车的Hopf分岔及控制分析

汽车四轮转向(4WS)技术是对汽车前后轮同时进行转向控制,以改善汽车转向特性的动力学控制技术。相比传统的前轮转向系统,四轮转向系统根据汽车的运动状态信息对后轮转向进行控制,提高了汽车转向的瞬态响应特性,增强了操纵稳定性和主动安全性。

Hopf分岔是一种十分重要的动态分岔现象。若系统发生Hopf分岔,则参数在分岔值附近变化时,系统平衡点的稳定性将发生改变,并在平衡点的小邻域内产生周期解。

在三维坐标系下,随着影响因素的增多,汽车的横向动力学模型及动力学特性将发生很大的变化。本章主要内容包括根据立方轮胎模型理论,通过系数运算简化车辆模型;利用中心流形降维理论,将三自由度四轮转向系统降维;根据分岔稳定性指标判定原系统Hopf分岔类型,并使用MATLAB软件编程,通过仿真说明理论计算结果的正确性;对影响系统Hopf分岔的参数,采取线性或非线性控制,提高系统的横向稳定性。

5.1 车身侧倾4WS汽车的动力学方程

5.1.1 车身侧倾4WS汽车的模型及动力学方程

4WS汽车前后车轮一般采用转向角比例控制,表达如式(5-1)所示,相关参数的含义及数值见表5-1。

表 5-1 某 4WS 汽车参数及数值

参数含义	符号	参数值	单位
前后车轮比例控制系数	k_p	0.05	
前轮转向角	δ_f		rad
后轮转向角	δ_r		rad
汽车质量	m	1500	kg
簧载质量	m_b	1300	kg
汽车横向速度	v		m/s
汽车纵向速度	u		m/s
汽车偏转角速度	r		rad/s
前轮横向力	F_f		N
后轮横向力	F_r		N
汽车 z 轴转动惯量	I_{zz}	6000	kg·m^2
汽车 x 轴转动惯量	I_{xx}	450	kg·m^2
汽车 y 轴转动惯量	I_{xz}	1000	kg·m^2
前轴至重心距离	a	1.1	m
后轴至重心距离	b	1.4	m
车身侧倾角	ϕ		rad
悬架的侧倾刚度系数	k_ϕ	47250	Nm/rad
悬架的侧倾阻尼系数	c_ϕ	2587	Nm·s/rad
车辆重心与侧倾中心距离	h	0.33	m
车身侧倾轴的离地高度	h_0	0.33	m
前轴侧倾中心的离地高度	h_f	0.60	m
后轴侧倾中心的离地高度	h_r	0.60	m
前轮胎角刚度系数	$c_{1f}=c_{3f}$	33.02	kN/rad
后轮胎角刚度系数	$c_{1r}=c_{3r}$	55.83	kN/rad
前轮胎侧偏角	α_f		rad
后轮胎侧偏角	α_r		rad

$$\delta_r = k_p \delta_f \tag{5-1}$$

假设汽车为刚体，其运动包括纵向运动、横向运动、横摆运动和侧倾运动，4WS 汽车的 3-DOF 模型如图 5-1 所示。

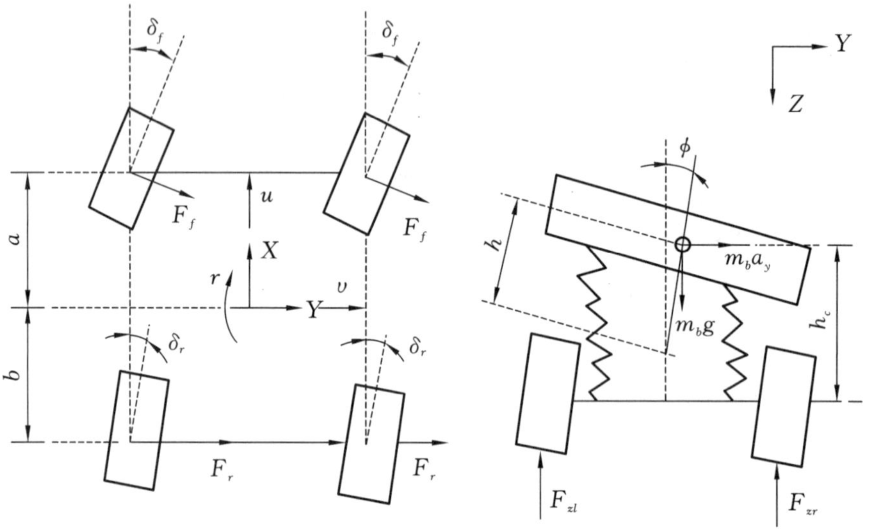

图 5-1 4WS 汽车的 3-DOF 模型

当车辆行驶速度 u 恒定时，仅考虑侧向动力学，采用拉格朗日方程，导出汽车的动力学平衡方程如式(5-2)所示。

$$\left.\begin{aligned} & m\dot{v} + m_b h\ddot{\phi} = -mur + F_f + F_r \\ & I_{zz}\dot{r} - I_{xz}\ddot{\phi} = aF_f - bF_r \\ & -m_b h\dot{v} - I_{xz}\dot{r} + c_\phi\dot{\phi} + I_{xx}\ddot{\phi} = -m_b hur + (m_b gh - k_\phi)\phi + d_f F_f + d_r F_r \end{aligned}\right\} \tag{5-2}$$

式中，d_f、d_r 分别为单位车身侧倾角引起的前后轮胎侧向偏移量，近似值为：$d_f \approx h_f - h_0$，$d_r \approx h_r - h_0$。

5.1.2 车身侧倾 4WS 汽车的动力学运算

考虑轮胎对车体模型的非线性影响，汽车轮胎受力多采用三次多项式立方轮胎模型。

$$\left.\begin{aligned} & F_f = -(c_{1f}\alpha_f - c_{3f}\alpha_f{}^3) \\ & F_r = -(c_{1r}\alpha_r - c_{3r}\alpha_r{}^3) \end{aligned}\right\} \tag{5-3}$$

式中：

$$\left.\begin{aligned}\alpha_f&=\arctan\left(\frac{\upsilon+ar}{u}\right)-\delta_f\\ \alpha_r&=\arctan\left(\frac{\upsilon-br}{u}\right)-\delta_r\end{aligned}\right\}\tag{5-4}$$

相对汽车纵向速度 u，横向速度和偏转角速度都比较小，上式近似为：

$$\left.\begin{aligned}\alpha_f&=\frac{\upsilon+ar}{u}-\delta_f\\ \alpha_r&=\frac{\upsilon-br}{u}-\delta_r\end{aligned}\right\}\tag{5-5}$$

将式(5-5)代入(5-3)得 F_f、F_r 的多元二次展开式：

$$\left.\begin{aligned}F_f&=\left(-\frac{c_{1f}}{u}+\frac{3c_{3f}\delta_f^{\,2}}{u}\right)\upsilon+\left(-\frac{ac_{1f}}{u}+\frac{3ac_{3f}\delta_f^{\,2}}{u}\right)r-\frac{3c_{3f}\delta_f}{u^2}\upsilon^2-\frac{6ac_{3f}\delta_f}{u^2}\upsilon r\\ &\quad-\frac{3a^2c_{3f}\delta_f}{u^2}r^2+c_{1f}\delta_f\\ F_r&=\left(-\frac{c_{1r}}{u}+\frac{3c_{3r}\delta_r^{\,2}}{u}\right)\upsilon+\left(\frac{bc_{1r}}{u}-\frac{3bc_{3r}\delta_r^{\,2}}{u}\right)r-\frac{3c_{3r}\delta_r}{u^2}\upsilon^2+\frac{6bc_{3r}\delta_r}{u^2}\upsilon r\\ &\quad-\frac{3b^2c_{3r}\delta_r}{u^2}r^2+c_{1r}\delta_r\end{aligned}\right\}\tag{5-6}$$

综合以上各式，得到系统表达式如下：

$$\boldsymbol{B}\dot{\boldsymbol{X}}=\boldsymbol{C}(\gamma)\boldsymbol{X}+\boldsymbol{g}(X,\gamma)+o(|X|^3),X\in\mathrm{R}^4\tag{5-7}$$

式中：

$$\boldsymbol{X}=(\upsilon,r,\phi,\dot{\phi})^{\mathrm{T}}=(x_1,x_2,x_3,x_4)^{\mathrm{T}}$$

$$\boldsymbol{B}=\begin{bmatrix}m&0&0&m_bh\\0&I_{zz}&0&-I_{xz}\\0&0&1&0\\-m_bh&-I_{xz}&C_\varphi&I_{xx}\end{bmatrix}$$

$$\boldsymbol{C}(\gamma)=\begin{bmatrix}c_{11}&c_{12}&0&0\\c_{21}&c_{22}&0&0\\0&0&0&1\\c_{41}&c_{42}&c_{43}&0\end{bmatrix}$$

$$\boldsymbol{g}(X,\gamma)=[g_1(X,\gamma),g_2(X,\gamma),0,g_4(X,\gamma)]^{\mathrm{T}}$$

$$c_{11}=\frac{1}{u}(-c_{1f}-c_{1r}+3c_{3f}\delta_f{}^2+3c_{3r}k_p{}^2\delta_f{}^2)$$

$$c_{12}=-mu+\frac{1}{u}(-ac_{1f}+bc_{1r}+3ac_{3f}\delta_f{}^2-3bc_{3r}k_p{}^2\delta_f{}^2)$$

$$c_{21}=\frac{1}{u}(-ac_{1f}+bc_{1r}+3ac_{3f}\delta_f{}^2-3bc_{3r}k_p{}^2\delta_f{}^2)$$

$$c_{22}=\frac{1}{u}(-a^2c_{1f}-b^2c_{1r}+3a^2c_{3f}\delta_f{}^2+3b^2c_{3r}k_p{}^2\delta_f{}^2)$$

$$c_{41}=\frac{1}{u}(-d_fc_{1f}-d_rc_{1r}+3d_fc_{3f}\delta_f{}^2+3d_rc_{3r}k_p{}^2\delta_f{}^2)$$

$$c_{42}=-m_bhu+\frac{1}{u}(-ad_fc_{1f}+bd_rc_{1r}+3ad_fc_{3f}\delta_f{}^2-3bd_rc_{3r}k_p{}^2\delta_f{}^2)$$

$$c_{43}=m_bgh-k_\phi$$

$$g_1(X,\gamma)=\frac{1}{u^2}(-3c_{3f}\delta_f-3c_{3r}k_p\delta_f)x_1^2+\frac{1}{u^2}(-6ac_{3f}\delta_f+6bc_{3r}k_p\delta_f)x_1x_2$$
$$+\frac{1}{u^2}(-3a^2c_{3f}\delta_f-3b^2c_{3r}k_p\delta_f)x_2^2$$

$$g_2(X,\gamma)=\frac{1}{u^2}(-3ac_{3f}\delta_f+3bc_{3r}k_p\delta_f)x_1^2+\frac{1}{u^2}(-6a^2c_{3f}\delta_f-6b^2c_{3r}k_p\delta_f)x_1x_2$$
$$+\frac{1}{u^2}(-3a^2c_{3f}\delta_f+3b^2c_{3r}k_p\delta_f)x_2^2$$

$$g_4(X,\gamma)=\frac{1}{u^2}(-3d_fc_{3f}\delta_f-3d_rc_{3r}k_p\delta_f)x_1^2+\frac{1}{u^2}(-6ad_fc_{3f}\delta_f+6bd_rc_{3r}k_p\delta_f)x_1x_2$$
$$+\frac{1}{u^2}(-3ad_fc_{3f}\delta_f+3bd_rc_{3r}k_p\delta_f)x_2^2$$

化简得非线性函数 $f(X,\gamma)$：

$$\dot{X}=B^{-1}C(\gamma)X+B^{-1}g(X,\gamma)+o(|X|^3),X\in\mathrm{R}^4 \tag{5-8}$$

其中：$A(\gamma)=B^{-1}C(\gamma)$

$A(\gamma)$为非线性函数，$\boldsymbol{f}(X,\gamma)$为在平衡点附近的雅可比矩阵，$B^{-1}g(X,\gamma)$为二次非线性项。

5.2　车身侧倾 4WS 汽车的 Hopf 分岔分析

5.2.1　车身侧倾 4WS 汽车的 Hopf 分岔数值计算

平衡点是系统轨迹上速度为 0 的点，是动态系统行为的真实特性。在车身不侧倾的直线运动情形下，起点 $X_e=(0,0,0,0)^{\mathrm{T}}$ 显然是系统的一个平衡点。

设 $\boldsymbol{A}(\gamma)$ 及其特征多项式方程分别如式(5-9)、式(5-10)所示，其中 $a_{ij}(i,j=1,2,3,4)$ 为 $A(\gamma)$ 中对应的项，a_i 为特征多项式的系数。

$$\boldsymbol{A}(\gamma)=\begin{bmatrix} a_{11} & a_{12} & a_{13} & a_{14} \\ a_{21} & a_{22} & a_{23} & a_{24} \\ 0 & 0 & 0 & 1 \\ a_{41} & a_{42} & a_{43} & a_{44} \end{bmatrix} \tag{5-9}$$

$$\lambda^4+a_1\lambda^3+a_2\lambda^2+a_3\lambda+a_4=0 \tag{5-10}$$

式中：

$$a_{11}=(-c_{11}I_{xx}I_{zz}+c_{41}m_bhI_{zz}+c_{21}m_bhI_{xz}+c_{11}I_{xz}{}^2)/(mI_{xz}{}^2-mI_{xx}I_{zz}-I_{zz}h^2m_b{}^2)$$

$$a_{12}=(-c_{12}I_{xx}I_{zz}+c_{12}I_{xz}{}^2+c_{42}m_bhI_{zz}+c_{22}m_bhI_{xz})/(mI_{xz}{}^2-mI_{xx}I_{zz}-I_{zz}h^2m_b{}^2)$$

$$a_{13}=c_{43}m_bhI_{zz}/(mI_{xz}{}^2-mI_{xx}I_{zz}-I_{zz}h^2m_b{}^2)$$

$$a_{14}=-m_bhI_{zz}C_\varphi/(mI_{xz}{}^2-mI_{xx}I_{zz}-I_{zz}h^2m_b{}^2)$$

$$a_{21}=(c_{41}mI_{xz}+c_{21}mI_{xx}+c_{21}m_b{}^2h^2+c_{11}m_bhI_{xz})/(mI_{xx}I_{zz}+I_{zz}h^2m_b{}^2-mI_{xz}{}^2)$$

$$a_{22}=(c_{42}mI_{xz}+c_{22}m_b{}^2h^2+c_{12}m_bhI_{xz}+c_{22}mI_{xx})/(mI_{xx}I_{zz}+I_{zz}h^2m_b{}^2-mI_{xz}{}^2)$$

$$a_{23}=c_{43}mI_{xz}/(mI_{xx}I_{zz}+I_{zz}h^2m_b{}^2-mI_{xz}{}^2)$$

$$a_{24}=-mI_{xz}C_\varphi/(mI_{xx}I_{zz}+I_{zz}h^2m_b{}^2-mI_{xz}{}^2)$$

$$a_{41}=(c_{41}mI_{zz}+c_{11}m_bhI_{zz}+c_{21}mI_{xz})/(mI_{xx}I_{zz}+I_{zz}h^2m_b{}^2-mI_{xz}{}^2)$$

$$a_{42}=(c_{42}mI_{zz}+c_{12}m_bhI_{zz}+c_{22}mI_{xz})/(mI_{xx}I_{zz}+I_{zz}h^2m_b{}^2-mI_{xz}{}^2)$$

$$a_{43}=c_{43}mI_{zz}/(mI_{xx}I_{zz}+I_{zz}h^2m_b{}^2-mI_{xz}{}^2)$$

$$a_{44}=-mI_{zz}C_\varphi/(mI_{xx}I_{zz}+I_{zz}h^2m_b{}^2-mI_{xz}{}^2)$$

根据 $\begin{vmatrix} a_{11}-\lambda & a_{12} & a_{13} & a_{14} \\ a_{21} & a_{22}-\lambda & a_{23} & a_{24} \\ 0 & 0 & -\lambda & 1 \\ a_{41} & a_{42} & a_{43} & a_{44}-\lambda \end{vmatrix}=0$，并结合特征多项式方程(5-10)得：

$$\left.\begin{aligned} a_1 &= -a_{11}-a_{22}-a_{44} \\ a_2 &= a_{11}a_{22}+a_{11}a_{44}+a_{22}a_{44}-a_{24}a_{42}-a_{12}a_{21}-a_{14}a_{41}-a_{43} \\ a_3 &= a_{11}a_{43}+a_{22}a_{43}+a_{11}a_{24}a_{42}+a_{12}a_{21}a_{44}+a_{14}a_{22}a_{41} \\ &\quad -a_{13}a_{41}-a_{23}a_{42}-a_{11}a_{22}a_{44}-a_{12}a_{24}a_{41}-a_{14}a_{21}a_{42} \\ a_4 &= a_{11}a_{23}a_{42}+a_{12}a_{21}a_{43}+a_{13}a_{22}a_{41}-a_{11}a_{22}a_{43}-a_{12}a_{23}a_{41}-a_{13}a_{21}a_{42} \end{aligned}\right\} \tag{5-11}$$

构建 Hurwitz 行列式：

$$\Delta_j=\begin{vmatrix} a_1 & 1 & \cdots & 0 \\ a_3 & a_2 & \cdots & 0 \\ \vdots & \vdots & & \vdots \\ a_{2j-1} & a_{2j-2} & \cdots & a_j \end{vmatrix} \quad (j=1,2,\cdots,4) \tag{5-12}$$

式中，如果 $j>4$，则 $a_j=0$。

求其代数余子式得：

$$\left.\begin{aligned} \Delta_1 &= a_1 \\ \Delta_2 &= a_1a_2-a_3 \\ \Delta_3 &= a_1a_2a_3-a_1^2a_4-a_3^2 \\ \Delta_4 &= a_1a_2a_3a_4-a_1a_2^2a_5-a_1^2a_4^2+2a_1a_4a_5-a_3^2a_4+a_2a_3a_5-a_5^2 \end{aligned}\right\} \tag{5-13}$$

根据张继业等撰写的论文《Hopf 分岔的代数判据及其在车辆力学中的应用》[9]中定理 1 的论述，实系数代数方程(5-7)有一对纯虚根 $\pm\omega i$，且其余 $n-2$ 个根均具有负实部的充分必要条件是：

$a_1>0, a_2>0, \cdots, a_j>0, \quad j=1,2,3,4\cdots$ 且

$$\left.\begin{aligned} &\Delta_{n-1}=0 \\ &\Delta_i>0 \quad (i=n-3,\cdots) \end{aligned}\right\} \tag{5-14}$$

汽车运行参数 u、δ_f 共同影响系统的 Hopf 分岔性质，将其他各参数值代入式

(5-14)第一式,得到系统的稳定区域随两个参数的变化关系,如图 5-2 所示。图中曲线表示临界状态,曲线与两竖轴包围区域为稳定区域,曲线与两水平线及两竖轴包围的区域为不稳定区域。

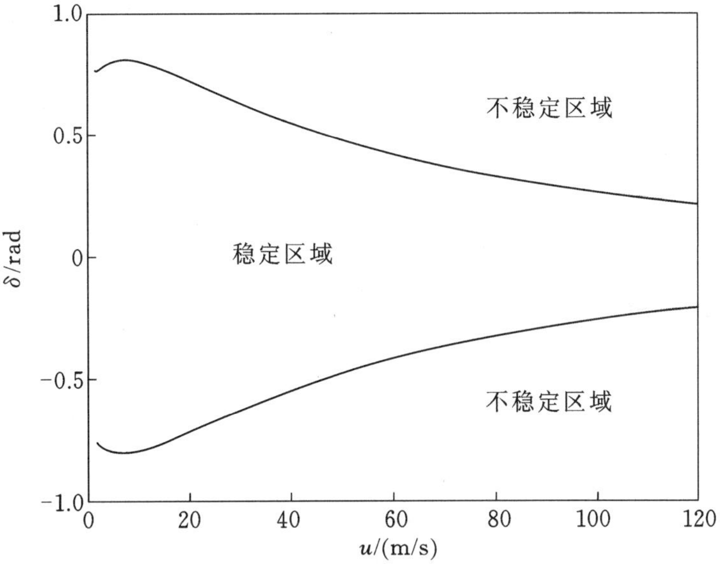

图 5-2　汽车行驶稳定区域与运动参数的变化关系

汽车纵向速度和前轮转向角都影响汽车的横向稳定性,为便于研究,根据实际驾驶情况,首先确定汽车纵向速度为某一确定值,再计算前轮转向角的数值,最后研究系统的 Hopf 分岔特性。

2021 年 4 月 29 日,《中华人民共和国道路交通安全法》进行了修改,其中第六十七条规定:"高速公路限速标志标明的最高时速不得超过一百二十公里。"可取相近值 $u=40\text{m/s}$,代入式(5-14)的第二式,解方程得 $\delta_f=\pm 0.5492$,因对称关系,只取正值运算。将此分岔点 u、δ_f 的值分别代入式(5-11)、(5-13)得:

$$\left.\begin{aligned} a_1&=21.2001\\ a_2&=121.9297\\ a_3&=191.5353\\ a_4&=1019.8\\ \Delta_1&=21.2001\\ \Delta_2&=2393.4 \end{aligned}\right\}\tag{5-15}$$

上述各值均大于零,符合文献[9]定理 1 的条件,判定系统会发生 Hopf 分岔。

5.2.2 车身侧倾 4WS 汽车的 Hopf 分岔类型判定

将系统各参数值及 $u=40$、$\delta_f=0.5492$ 代入式(5-6)、(5-7)、(5-8)并推导得：

$$\boldsymbol{B}=\begin{bmatrix} 1500 & 0 & 0 & 429 \\ 0 & 6000 & 0 & -1000 \\ 0 & 0 & 1 & 0 \\ -429 & -1000 & 2587 & 450 \end{bmatrix} \tag{5-16}$$

$$\boldsymbol{C}(\gamma)=\begin{bmatrix} -1253 & -58572 & 0 & 0 \\ 1428 & 2358 & 0 & 0 \\ 0 & 0 & 0 & 1 \\ -338 & -16775 & -43046 & 0 \end{bmatrix} \tag{5-17}$$

$$\boldsymbol{g}(X,\gamma)=\begin{bmatrix} -58.9532x_1^2-118.1123x_1x_2-73.0711x_2^2 \\ -59.0562x_1^2-146.1421x_1x_2-63.9887x_2^2 \\ 0 \\ -15.9174x_1^2-31.8903x_1x_2-15.9452x_2^2 \end{bmatrix} \tag{5-18}$$

$$\boldsymbol{B}^{-1}=\begin{bmatrix} 0.0005 & -0.0001 & 1.8222 & -0.0007 \\ 0.0001 & 0.0002 & -1.0619 & 0.0004 \\ 0 & 0 & 1 & 0 \\ 0.0007 & 0.0004 & -6.3715 & 0.0025 \end{bmatrix} \tag{5-19}$$

$$\boldsymbol{A}(\gamma)=\begin{bmatrix} -0.5123 & -15.1560 & 30.3209 & 1.8222 \\ 0.0496 & -14.3163 & -17.6695 & -1.0619 \\ 0 & 0 & 0 & 1.0000 \\ -1.1302 & -83.5395 & -106.0170 & -6.3715 \end{bmatrix} \tag{5-20}$$

通过 MATLAB 程序运算，得到 $A(\gamma)$的全部特征值、特征向量。与特征值对应的特征向量的实部和虚部构成的方阵如下：

$$\boldsymbol{T}=\begin{bmatrix} 0.9786 & 0 & -0.3220 & -0.0398 \\ -0.0198 & -0.0715 & -0.1534 & 0.0010 \\ 0.0171 & 0.0582 & 0.0873 & 0.0060 \\ -0.1749 & 0.0515 & -0.9293 & 0 \end{bmatrix} \tag{5-21}$$

在分岔点处导算子的 4 个特征值分别如下：

$$(\lambda_1,\lambda_2,\lambda_3,\lambda_4)=(3.0055i,-3.0055i,-10.5999+0.7298i,-10.5999-0.7298i) \tag{5-22}$$

求矩阵 $\boldsymbol{T}$ 的逆阵得：

$$\boldsymbol{T}^{-1}=\begin{bmatrix} 0.9231 & 4.0829 & 5.4429 & -0.4825 \\ 0.0914 & -10.6446 & 2.3803 & 1.9491 \\ -0.1687 & -1.3583 & -0.8925 & -0.8773 \\ -1.0631 & 111.3806 & 141.0514 & -4.7667 \end{bmatrix} \tag{5-23}$$

将式(5-18)、(5-19)、(5-23)代入 $\boldsymbol{T}^{-1}\boldsymbol{B}^{-1}\boldsymbol{g}(X,\gamma)$得：

$$\boldsymbol{T}^{-1}\boldsymbol{B}^{-1}\boldsymbol{g}(X,\gamma)=\begin{bmatrix} -0.05925x_1^2-0.1335x_1x_2-0.06938x_2^2 \\ 0.05108x_1^2+0.1401x_1x_2+0.05288x_2^2 \\ 0.1266x_1^2+0.2706x_1x_2+0.1415x_2^2 \\ -2.169x_1^2-4.9160x_1x_2-2.374x_2^2 \end{bmatrix} \tag{5-24}$$

令 $\boldsymbol{X}=\boldsymbol{TY}$，并代入式(5-7)得：

$$\dot{\boldsymbol{Y}}=\boldsymbol{T}^{-1}\boldsymbol{B}^{-1}\boldsymbol{C}(\gamma)\boldsymbol{TY}+\boldsymbol{T}^{-1}\boldsymbol{B}^{-1}\boldsymbol{g}(\boldsymbol{TY},\gamma)+o(|Y|^3),\quad Y\in \mathrm{R}^4 \tag{5-25}$$

根据中心流形定理，由式(5-21)得到方程组：

$$\begin{bmatrix} \dot{y}_1 \\ \dot{y}_2 \\ \dot{y}_3 \\ \dot{y}_4 \end{bmatrix}=\begin{bmatrix} 0 & -3.0055 & 0 & 0 \\ 3.0055 & 0 & 0 & 0 \\ 0 & 0 & -10.5999 & -0.7298 \\ 0 & 0 & 0.7298 & -10.5999 \end{bmatrix}\begin{bmatrix} y_1 \\ y_2 \\ y_3 \\ y_4 \end{bmatrix}+\begin{bmatrix} h_1(y) \\ h_2(y) \\ h_3(y) \\ h_4(y) \end{bmatrix} \tag{5-26}$$

其中，$h_i(y)(i=1,2,3,4)$包含 y_1、y_2、y_3、y_4 非线性部分。

中心流形定理通过分析与原系统对应的低阶系统，确定原系统在平衡点附近的稳定性，对应低阶系统的阶数，恰好是雅可比矩阵具有的零实部特征值的个数，为此设：

$$\begin{pmatrix} y_3 \\ y_4 \end{pmatrix}=\begin{pmatrix} h_{31}y_1^2+h_{32}y_1y_2+h_{33}y_2^2 \\ h_{41}y_1^2+h_{42}y_1y_2+h_{43}y_2^2 \end{pmatrix} \tag{5-27}$$

将 y_3、y_4 的值代入 y_1、y_2 的方程中，不难发现，只要有 y_3、y_4 出现的地方，就

会导致出现形如 $y_1^p y_2^q$ 的项，且 $p+q\geqslant 3$，可以将其归入 $o(|Y_3,Y_4|^3)$ 中，因此不用确定 $h(y_3)$、$h(y_4)$ 中的各项系数。

将 $\boldsymbol{X}=\boldsymbol{TY}$ 代入式(5-23)，并化简得：

$$\boldsymbol{T}^{-1}\boldsymbol{B}^{-1}\boldsymbol{g}(\boldsymbol{TY},\gamma)=\begin{bmatrix}-0.05418y_1^2+0.009141y_1y_2-0.0003547y_2^2\\0.04622y_1^2-0.009653y_1y_2+0.0002703y_2^2\\0.1161y_1^2-0.01853y_1y_2+0.0007234y_2^2\\-1.983y_1^2+0.3373y_1y_2-0.01214y_2^2\end{bmatrix}\tag{5-28}$$

由式(5-26)、(5-28)得：

$$\left.\begin{aligned}\dot{y}_1&=-3.0055y_2-0.05418y_1^2+0.009141y_1y_2-0.0003547y_2^2+o(|y_1,y_2|^3)\\&=-3.0055y_2+U(y_1,y_2)+o(|y_1,y_2|^3)\\\dot{y}_2&=3.0055y_1+0.04622y_1^2-0.009653y_1y_2+0.0002703y_2^2+o(|y_1,y_2|^3)\\&=3.0055y_1+V(y_1,y_2)+o(|y_1,y_2|^3)\end{aligned}\right\}\tag{5-29}$$

根据陆启韶等编著的《常微分方程与动力系统》[10]，动力系统分岔的稳定性指标为：

$$\begin{aligned}a=&\frac{1}{16}(U_{y_1y_1y_1}+U_{y_1y_2y_2}+V_{y_1y_1y_2}+V_{y_2y_2y_2})\bigg|_{(0,0)}\\&+\frac{1}{16\omega}\begin{bmatrix}U_{y_1y_2}(U_{y_1y_1}+U_{y_2y_2})-V_{y_1y_2}(V_{y_1y_1}+V_{y_2y_2})\\-U_{y_1y_1}V_{y_1y_1}+U_{y_2y_2}V_{y_2y_2}\end{bmatrix}\Bigg|_{(0,0)}\end{aligned}\tag{5-30}$$

对 $U(y_1,y_2)$、$V(y_1,y_2)$ 求导，并代入式(5-30)得：$a=0.00020615>0$。故系统(5-7)发生亚临界 Hopf 分岔，出现不稳定的极限环。

5.2.3 车身侧倾 4WS 汽车的 Hopf 分岔仿真

利用 MATLAB 软件进行数值仿真。将表 5-1 汽车的结构及运行参数值代入式(5-7)，并选择时间历程 [0,20]，参数初始值设置为 $X=(0.01,0.01,0.03,0)^{\mathrm{T}}$。

假设汽车的分岔点速度 $u=40\mathrm{m/s}$ 不变，只改变汽车的前轮转向角，进行汽车车身侧倾角的时域响应仿真。当汽车的前轮转向角为 $\delta_f=0.4992$，小于分岔值 $\delta_f=0.5492$ 时，汽车车身侧倾角迅速减小并趋于稳定，如图 5-3(a)所示。当汽车的前轮转向角为 $\delta_f=0.5992$，大于分岔值 $\delta_f=0.5492$ 时，汽车车身侧倾角振幅急剧增大，汽车的横向稳定性快速变差，如图 5-3(b)所示。

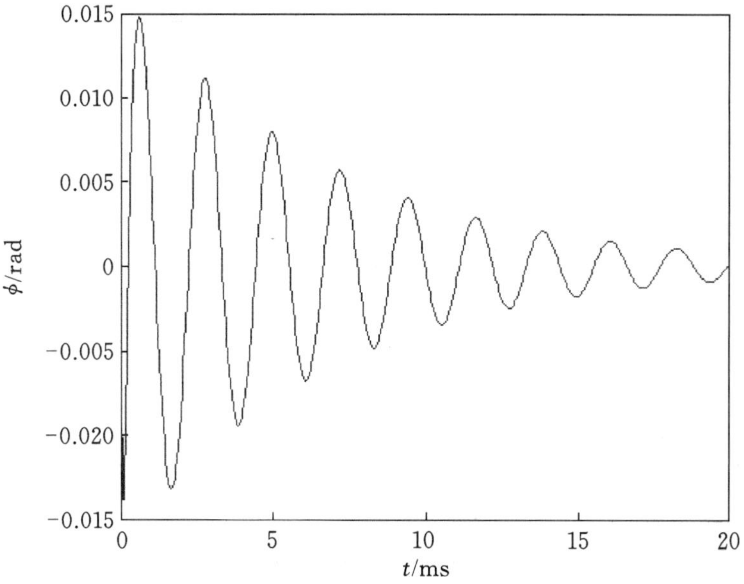

(a)

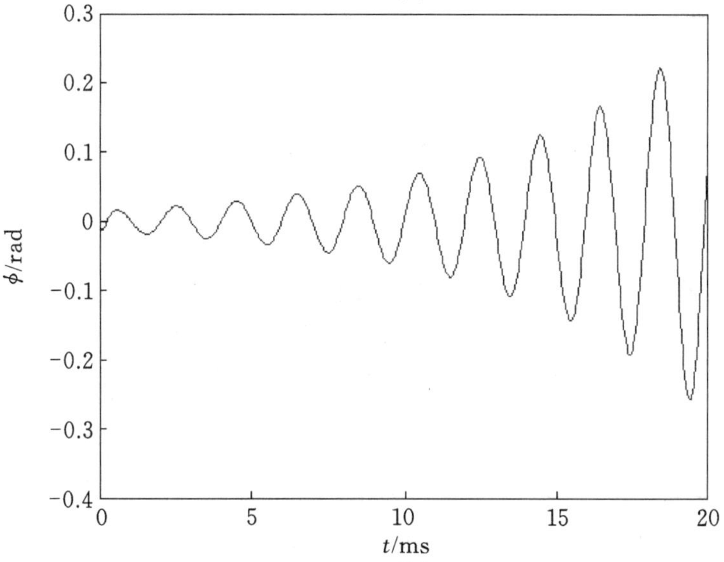

(b)

图 5-3　汽车车身侧倾角的时域响应

(a) $u=40, \delta_f=0.4992$；(b) $u=40, \delta_f=0.5992$

当 $u=40, \delta_f=0.5492$ 时，汽车车身侧倾角、侧倾角速度的相图如图 5-4 所示。当汽车的行驶速度及车身侧倾角处于 Hopf 临界点时，在初始激励下，汽车车身侧倾角、侧倾角速度快速趋向等幅运动，在相图中形成一个稳定的极限环。

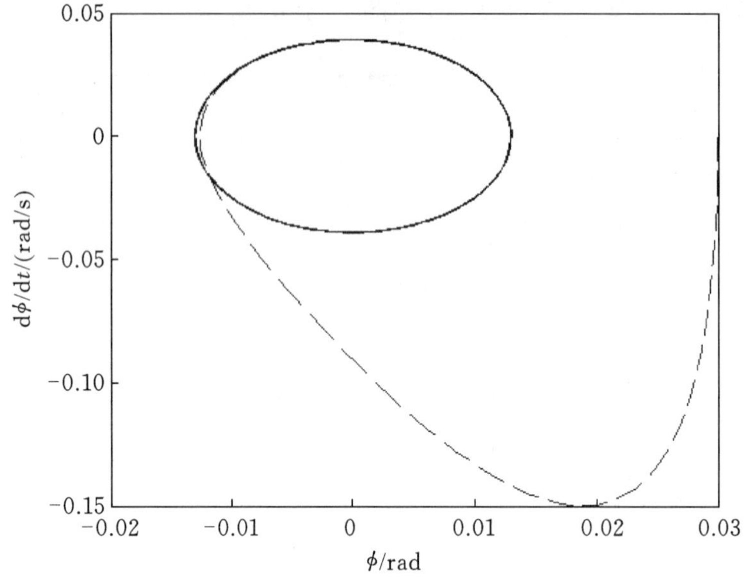

图 5-4 汽车车身侧倾角与侧倾角速度的相图

5.3 车身侧倾 4WS 汽车的 Hopf 分岔控制

5.3.1 车身侧倾 4WS 汽车的 Hopf 分岔线性控制及仿真

(1) 车身侧倾 4WS 汽车的 Hopf 分岔线性控制系数选择

根据式(5-18)、(5-19)得：

$$\boldsymbol{B}^{-1}\boldsymbol{g}(X,\gamma)=\begin{bmatrix}-0.01243x_1^2-0.02212x_1x_2-0.01898x_2^2\\-0.02407x_1^2-0.05380x_1x_2-0.02648x_2^2\\0\\-0.1047x_1^2-0.2209x_1x_2-0.1166x_2^2\end{bmatrix}\tag{5-31}$$

为了改善车身侧倾 4WS 汽车的稳定性，采用 washout 滤波器进行控制。假设原系统的结构参数不变，施加 washout 滤波器控制，由 $\boldsymbol{A}(\gamma)$ 及 $\boldsymbol{B}^{-1}\boldsymbol{g}(X,\gamma)$ 的代数式得到系统受控后的 4WS 汽车方程：

$$\left.\begin{aligned}
\dot{x}_1 &= -0.5123x_1 - 15.156x_2 + 30.3209x_3 + 1.8222x_4 - 0.01243x_1^2 \\
&\quad - 0.02212x_1x_2 - 0.01898x_2^2 \\
\dot{x}_2 &= 0.0496x_1 - 14.3163x_2 - 17.6695x_3 - 1.0619x_4 - 0.02407x_1^2 \\
&\quad - 0.05380x_1x_2 - 0.02648x_2^2 \\
\dot{x}_3 &= x_4 + k_1(x_3 - \xi x_5) + k_2(x_3 - \xi x_5)^2 \\
\dot{x}_4 &= -1.1302x_1 - 83.5395x_2 - 106.0170x_3 - 6.3715x_4 - 0.1047x_1^2 \\
&\quad - 0.2209x_1x_2 - 0.1166x_2^2 \\
\dot{x}_5 &= x_3 - \xi x_5
\end{aligned}\right\} \tag{5-32}$$

其中：ξ 为滤波器常数，k_1、k_2 分别为线性增益和非线性增益。显然控制后系统的平衡点仍然是原点。

取 $\xi=0.1$，$k_2=0$，系统(5-32)在平衡点的线性化矩阵变换为：

$$\mathbf{A}' = \begin{bmatrix} -0.5123 & -15.156 & 30.3209 & 1.8222 & 0 \\ 0.0496 & -14.3163 & -17.6695 & -1.0619 & 0 \\ 0 & 0 & k_1 & 1 & -0.1k_1 \\ -1.1302 & -83.5395 & -106.0170 & -6.3715 & 0 \\ 0 & 0 & 1 & 0 & -0.1 \end{bmatrix} \tag{5-33}$$

通过求其行列式，得到与此对应的特征方程：

$$\begin{aligned}
&\lambda^5 + (21.30-k)\lambda^4 + (124.1-21.20k)\lambda^3 + (203.7-15.92k)\lambda^2 \\
&\qquad + (1039-61.30k)\lambda + 102.0 = 0
\end{aligned} \tag{5-34}$$

将特征多项式方程式(5-34)各系数代入式(5-14)，得到不等式组：

$$\left.\begin{aligned}
&21.30-k>0 \\
&124.1-21.20k>0 \\
&203.7-15.92k>0 \\
&1039-61.30k>0 \\
&(21.30-k)(124.1-21.20k)-(203.7-15.92k)>0 \\
&(21.30-k)(124.1-21.20k)(203.7-15.92k)(1039-61.30k) \\
&-102.0(21.30-k)(124.1-21.20k)^2 \\
&-(21.30-k)^2(1039-61.30k)^2+2\times 102.0(21.30-k)(1039-61.30k) \\
&-(203.7-15.92k)^2(1039-61.30k) \\
&+102.0(124.1-21.20k)(203.7-15.92k)-102.0\times 102.0>0
\end{aligned}\right\} \tag{5-35}$$

利用 MATLAB 软件的 maple 命令，解式(5-35)得：

$$\{k_1 < -0.001648\}$$

为了方便计算，取 $k_1 = -1$。

仍然取 $u = 40\text{m/s}$，通过式(5-13)的运算，解得 $\delta_f' = \pm 0.5840$，取其正值运算。

显然，在车速都设定为 $u = 40\text{m/s}$ 的情况下，通过计算得知原系统发生 Hopf 前轮转向角的数值为 0.5492，系统线性控制后发生 Hopf 前轮转向角的数值变化为 0.5840。线性控制后前轮转向角的数值较大，说明线性控制改善了系统的横向稳定性。

将 $k_1 = -1$，$u = 40\text{m/s}$ 代入线性控制后的方程，得到特征方程的系数及部分 Hurwitz 行列式数值分别为：

$$\left.\begin{aligned} a_1 &= 22.1890 \\ a_2 &= 145.0375 \\ a_3 &= 211.3047 \\ a_4 &= 1218.9 \\ a_5 &= 113.2466 \\ \Delta_2 &= 3006.9 \\ \Delta_3 &= 35273 \end{aligned}\right\} \tag{5-36}$$

上述各值仍然均大于零，符合文献[9]中定理 1 的条件，系统发生 Hopf 分岔。

(2) 车身侧倾 4WS 汽车的 Hopf 分岔线性控制数值运算

将式(5-7)所示的原系统线性控制后形成新的系统：

$$\boldsymbol{B}'\dot{\boldsymbol{X}} = \boldsymbol{C}(\boldsymbol{\gamma})'\boldsymbol{X} + g\ (X,\gamma)' + o(|X|^3),X \in \mathrm{R}^5 \tag{5-37}$$

式中：

$$\boldsymbol{X} = (x_1, x_2, x_3, x_4, x_5)^{\mathrm{T}}$$

$$\boldsymbol{B}' = \begin{bmatrix} m & 0 & 0 & m_b h & 0 \\ 0 & I_{zz} & 0 & -I_{xz} & 0 \\ 0 & 0 & 1 & 0 & 0 \\ -m_b h & -I_{xz} & C_\varphi & I_{xx} & 0 \\ 0 & 0 & 0 & 0 & 1 \end{bmatrix}$$

$$\boldsymbol{C}(\gamma)'=\begin{bmatrix} c_{11} & c_{12} & 0 & 0 & 0 \\ c_{21} & c_{22} & 0 & 0 & 0 \\ 0 & 0 & -1 & 1 & 0.1 \\ c_{41} & c_{42} & c_{43} & 0 & 0 \\ 0 & 0 & 1 & 0 & -0.1 \end{bmatrix}$$

$$\boldsymbol{g}(\boldsymbol{X},\gamma)'=[g_1(X,\gamma)',g_2(X,\gamma)',0,g_4(X,\gamma)',0]^{\mathrm{T}}$$

令：$\boldsymbol{X}=\boldsymbol{T}'\boldsymbol{Y}$，得：

$$\dot{Y}=T'^{-1}A(\gamma)'TY+T'^{-1}B'^{-1}g\,(TY,\gamma)',Y\in \mathrm{R}^5 \tag{5-38}$$

其中：

$$\boldsymbol{A}(\gamma)'=\begin{bmatrix} a_{11} & a_{12} & a_{13} & a_{14} & 0 \\ a_{21} & a_{22} & a_{23} & a_{24} & 0 \\ 0 & 0 & -1 & 1 & 0.1 \\ a_{41} & a_{42} & a_{43} & a_{44} & 0 \\ 0 & 0 & 1 & 0 & -0.1 \end{bmatrix} \tag{5-39}$$

$$g_1(X,\gamma)'=\frac{1}{u^2}(-3c_{3f}\delta_f-3c_{3r}k\delta_f)x_1^2+\frac{1}{u^2}(-6ac_{3f}\delta_f+6bc_{3r}k\delta_f)x_1x_2 +\frac{1}{u^2}(-3a^2c_{3f}\delta_f-3b^2c_{3r}k\delta_f)x_2^2$$

$$g_2(X,\gamma)'=\frac{1}{u^2}(-3ac_{3f}\delta_f+3bc_{3r}k\delta_f)x_1^2+\frac{1}{u^2}(-6a^2c_{3f}\delta_f-6b^2c_{3r}k\delta_f)x_1x_2 +\frac{1}{u^2}(-3a^2c_{3f}\delta_f+3b^2c_{3r}k\delta_f)x_2^2$$

$$g_4(X,\gamma)'=\frac{1}{u^2}(-3d_fc_{3f}\delta_f-3d_rc_{3r}k\delta_f)x_1^2+\frac{1}{u^2}(-6ad_fc_{3f}\delta_f+6bd_rc_{3r}k\delta_f)x_1x_2 +\frac{1}{u^2}(-3ad_fc_{3f}\delta_f+3bd_rc_{3r}k\delta_f)x_2^2$$

在 $u=40\mathrm{m/s}$ 相同的情况下，线性控制后的系统 Hopf 分岔发生了变化。通过类似的运算得到 $\delta_f'=0.5840$，由此引起原方程系数的变化。将线性控制后的系统各结构及运动参数代入(5-39)得：

$$\boldsymbol{A}(\gamma)'=\begin{bmatrix} -0.4884 & -15.1301 & 30.3209 & 1.8222 & 0 \\ 0.1287 & -14.2291 & -17.6695 & -1.0619 & 0 \\ 0 & 0 & -1 & 1 & 0.1 \\ -0.8337 & -83.2141 & -106.0170 & -6.3715 & 0 \\ 0 & 0 & 1 & 0 & -0.1 \end{bmatrix} \tag{5-40}$$

二次多项式为：

$$\boldsymbol{g}(X,\gamma)'=\begin{bmatrix}-62.6887x_1^2-125.5965x_1x_2-77.7012x_2^2\\-62.7983x_1^2-155.4024x_1x_2-68.0433x_2^2\\0\\-16.9260x_1^2-33.9111x_1x_2-16.9555x_2^2\\0\end{bmatrix}\tag{5-41}$$

求 $\boldsymbol{A}(\gamma)'$ 的特征值、特征向量，其特征向量的实部和虚部构成的方阵如下：

$$\boldsymbol{T}'=\begin{bmatrix}-0.2502&-0.1590&-0.9788&0&-0.0055\\-0.1566&0.0039&0.0160&0.0720&0\\0.0835&0.0288&-0.0167&-0.0544&0.0056\\-0.9379&0&0.1479&-0.1048&-0.0945\\-0.0062&-0.0046&-0.0183&0.0050&0.9955\end{bmatrix}\tag{5-42}$$

在分岔点处导算子的 5 个特征值如下：

$$(\lambda_1,\lambda_2,\lambda_3,\lambda_4,\lambda_5)=$$
$$(-11.0476+3.4584\mathrm{i},-11.0476-3.4584\mathrm{i},2.9926\mathrm{i},-2.9926\mathrm{i},-0.0944)\tag{5-43}$$

求矩阵 $\boldsymbol{T}'$ 的逆阵得：

$$\boldsymbol{T}'^{-1}=\begin{bmatrix}-0.1379&-1.5972&-0.5569&-0.8118&-0.0747\\-0.2844&21.6004&30.1868&-0.8416&-0.2513\\-0.9401&-3.1005&-4.7616&0.3442&0.0543\\-0.0756&9.9339&-1.7882&-1.7966&-0.1609\\-0.0191&-0.0170&0.0575&0.0064&1.0047\end{bmatrix}\tag{5-44}$$

将相关的式子代入得：

$$\boldsymbol{T}'^{-1}\boldsymbol{B}'^{-1}\boldsymbol{g}(X,\gamma)'=\begin{bmatrix}0.1384x_1^2+0.2978x_1x_2+0.1545x_2^2\\-0.5312x_1^2-1.205x_1x_2-0.5836x_2^2\\0.06099x_1^2+0.1363x_1x_2+0.07188x_2^2\\-0.08749x_1^2-0.2228x_1x_2-0.09389x_2^2\\-0.00003187x_1^2-0.00008949x_1x_2+0.00005841x_2^2\end{bmatrix}\tag{5-45}$$

$$\dot{\boldsymbol{Y}}=\boldsymbol{T}'^{-1}\boldsymbol{B}'^{-1}\boldsymbol{C}(\gamma)'\boldsymbol{T}'\boldsymbol{Y}+\boldsymbol{T}'^{-1}\boldsymbol{B}'^{-1}\boldsymbol{g}(TY,\gamma)'+o(|Y|^3),Y\in \mathrm{R}^5 \tag{5-46}$$

$$\begin{bmatrix}\dot{y}_1\\ \dot{y}_2\\ \dot{y}_3\\ \dot{y}_4\\ \dot{y}_5\end{bmatrix}=\begin{bmatrix}-11.0476 & 3.4584 & 0 & 0 & 0\\ -3.4584 & -11.0476 & 0 & 0 & 0\\ 0 & 0 & 0 & 2.9926 & 0\\ 0 & 0 & -2.9926 & 0 & 0\\ 0 & 0 & 0 & 0 & -0.0944\end{bmatrix}\begin{bmatrix}y_1\\ y_2\\ y_3\\ y_4\\ y_5\end{bmatrix}+\begin{bmatrix}h_1(y)'\\ h_2(y)'\\ h_3(y)'\\ h_4(y)'\\ h_5(y)'\end{bmatrix} \tag{5-47}$$

其中，$h_i(y)'(i=1,2,3,4,5)$包含 y_1、y_2、y_3、y_4、y_5 非线性部分。

$$\begin{pmatrix}y_1\\ y_2\\ y_5\end{pmatrix}=\begin{pmatrix}h_{11}'y_3^2+h_{12}'y_3y_4+h_{13}'y_4^2\\ h_{21}'y_3^2+h_{22}'y_3y_4+h_{23}'y_4^2\\ h_{51}'y_3^2+h_{52}'y_3y_4+h_{53}'y_4^2\end{pmatrix} \tag{5-48}$$

将 $\boldsymbol{X}=\boldsymbol{T}'\boldsymbol{Y}$ 代入式(5-45)，对矩阵运算，并代入式(5-47)得：

$$\begin{cases}\dot{y}_3=2.9926y_4+0.05632y_3^2-0.009439y_3y_4+0.0003726y_4^2+o(|y_3,y_4|^3)\\ \quad=2.9926y_4+U(y_3,y_4)'+o(|y_3,y_4|^3)\\ \dot{y}_4=-2.9926y_3-0.08035y_3^2+0.01548y_3y_4-0.0004867y_4^2+o(|y_3,y_4|^3)\\ \quad=-2.9926y_3+V(y_3,y_4)'+o(|y_3,y_4|^3)\end{cases} \tag{5-49}$$

对 $U(y_3,y_4)'$、$V(y_3,y_4)'$二次求导，将其数值及 $\omega=2.9926$ 代入动力系统分岔的稳定性指标式(5-30)得：

$$a=0.00040803>0$$

根据动力系统分岔的稳定性指标，判定系统(5-32)发生亚临界 Hopf 分岔，出现不稳定的极限环。

(3) 车身侧倾 4WS 汽车的 Hopf 分岔线性控制仿真

将表 5-1 中汽车的结构参数值及运行参数值编入仿真程序，选择时间历程[0,20]，系统方程自变量的初始值设为 $\boldsymbol{X}=(0.01,0.01,0.03,0,0)^{\mathrm{T}}$，利用 MATLAB 软件进行数值仿真。

仍然假设汽车的分岔点速度为 $u=40\mathrm{m/s}$，进行线性控制后系统 Hopf 值为

$\delta'_f = 0.5840$。分别选取 $\delta'_f = 0.5340$ 和 $\delta'_f = 0.6340$，进行汽车车身侧倾角时域响应仿真，结果如图 5-5、图 5-6 所示。

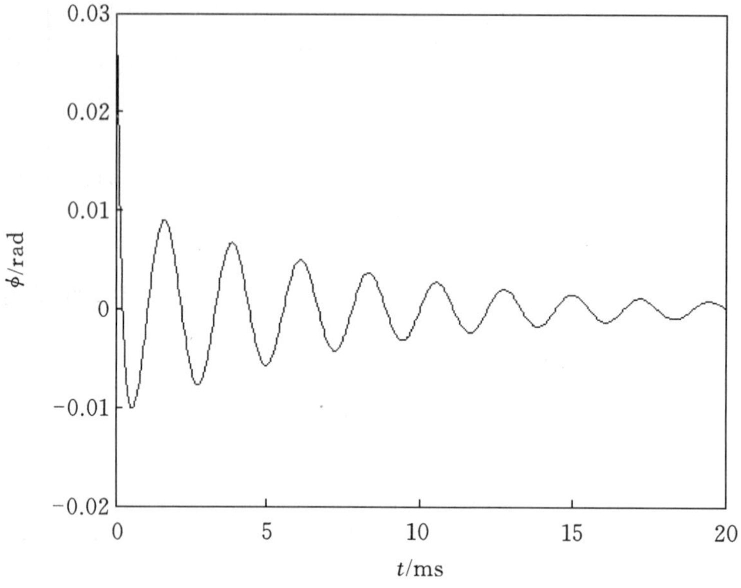

(a)

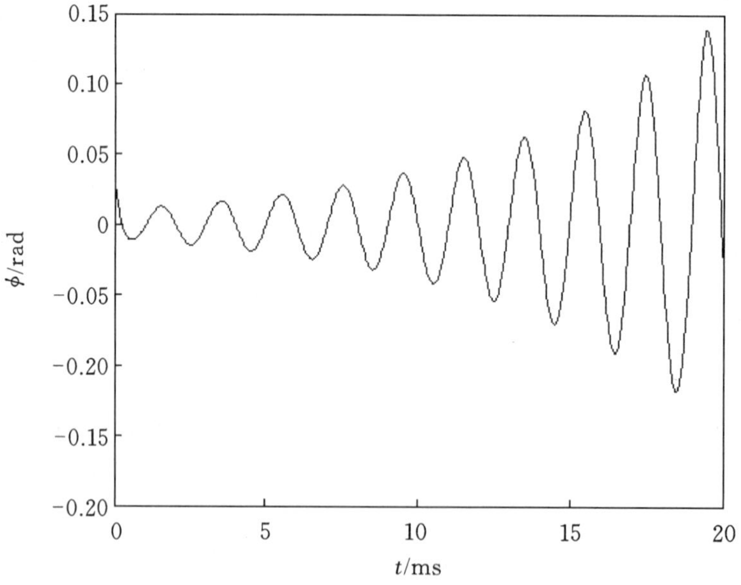

(b)

图 5-5　车辆线性控制后车身侧倾角时域响应

(a) $u=40, \delta'_f=0.5340$；(b) $u=40, \delta'_f=0.6340$

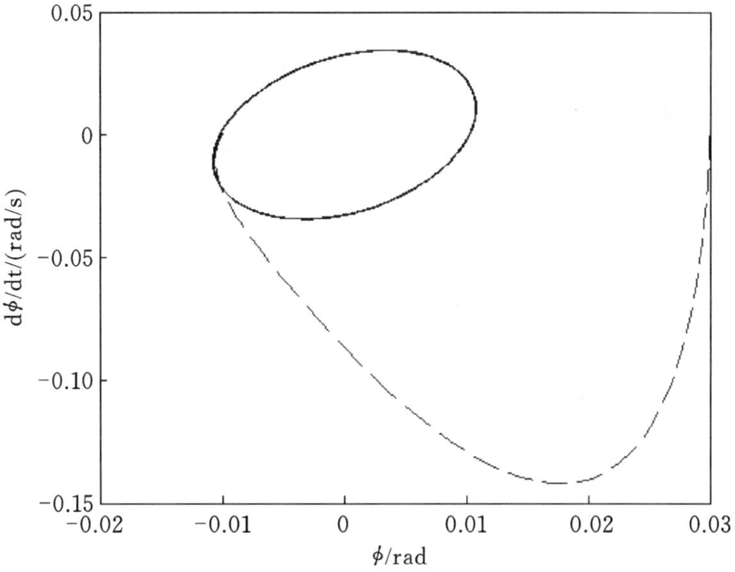

图 5-6 车辆线性控制后车身侧倾角与侧倾角速度的相图

分别比较图 5-3 与 5-5、图 5-4 与 5-6，两组图的曲线形态相似。但是，线性控制后的系统振幅明显减小，频率略微降低，说明线性控制有效提高了系统的横向稳定性。

5.3.2 车身侧倾 4WS 汽车的 Hopf 分岔非线性控制

(1) 车身侧倾 4WS 汽车的 Hopf 分岔非线性控制

取 $\xi=0.1,k_1=-1,k_2\neq 0$，系统(5-32)为非线性控制，其雅可比矩阵与线性控制完全一致，但是系统的二次多项式发生了变化：

$$\boldsymbol{g}(\boldsymbol{X})''=\begin{bmatrix} -62.6887x_1^2-125.5965x_1x_2-77.7012x_2^2 \\ -62.7983x_1^2-155.4024x_1x_2-68.0433x_2^2 \\ k_2(x_3-0.1x_5)^2 \\ -16.9260x_1^2-33.9111x_1x_2-16.9555x_2^2 \\ 0 \end{bmatrix} \tag{5-50}$$

将 $\boldsymbol{T}'^{-1}$、$\boldsymbol{B}'^{-1}$与式(5-48)相乘，得：

$$\boldsymbol{T}'^{-1}\boldsymbol{B}'^{-1}\boldsymbol{g}(X,\gamma)'' = \begin{bmatrix} 0.5143x_1^2+0.2978x_1x_2+0.1545x_2^2+120.3k_2(x_3-0.1x_5)^2 \\ 0.06739x_1^2-1.205x_1x_2-0.5836x_2^2-300.3k_2(x_3-0.1x_5)^2 \\ 0.001053x_1^2+0.1363x_1x_2+0.07188x_2^2-15.97k_2(x_3-0.1x_5)^2 \\ 0.1143x_1^2-0.2228x_1x_2-0.09389x_2^2+12.1k_2(x_3-0.1x_5)^2 \\ 0.00007795x_1^2-0.00008933x_1x_2+0.00005875x_2^2-0.9932k_2(x_3-0.1x_5)^2 \end{bmatrix} \tag{5-51}$$

通过坐标转化，并且将式(5-51)的第三、四行分别用 $U(y_3,y_4)''$、$V(y_3,y_4)''$ 表示，结果如下：

$$\left.\begin{aligned} U(y_3,y_4)'' &= (-0.001107-0.003531k_2)y_3^2-(0.009439+0.02608k_2)y_3y_4 \\ &\quad +(0.0003726-0.04813k_2)y_4^2 \\ V(y_3,y_4)'' &= (0.1130+0.002675k_2)y_3^2+(0.01548+0.01976k_2)y_3y_4 \\ &\quad +(-0.0004867+0.03647k_2)y_4^2 \end{aligned}\right\} \tag{5-52}$$

对上式求偏导，并将 $\omega=2.9926$ 代入式(5-30)，得到极限环稳定性指标式：

$$a=-0.00004754k_2^2-0.0002506k_2-0.0002481 \tag{5-53}$$

令 $a<0$，得 $k_2<-3.940$，或 $k_2>-1.322$。

取 $k_2=10$，由式(5-30)得：

$$a=-0.0075$$

根据动力系统分岔的稳定性指标，此时系统(5-32)发生超临界 Hopf 分岔，出现稳定的极限环。

(2) 车身侧倾 4WS 汽车的 Hopf 分岔非线性控制仿真

仍然选择系统的时间历程为[0,20]，运动参数初始值设定为 $X=(0.01,0.01,0.03,0,0)^{\mathrm{T}}$。

汽车侧倾角时域响应曲线如图 5-7 所示。当 $u=40$，$\delta''_f=0.5840$ 时，汽车车身侧倾角、侧倾角速度相图如图 5-8 所示。

比较系统线性控制和非线性控制车身侧倾角的时域响应曲线，发现相同时刻幅值变化很小，说明相比线性控制，非线性控制对车身侧倾角的振幅影响很小。通常情况下，采用线性控制基本能够达到要求。

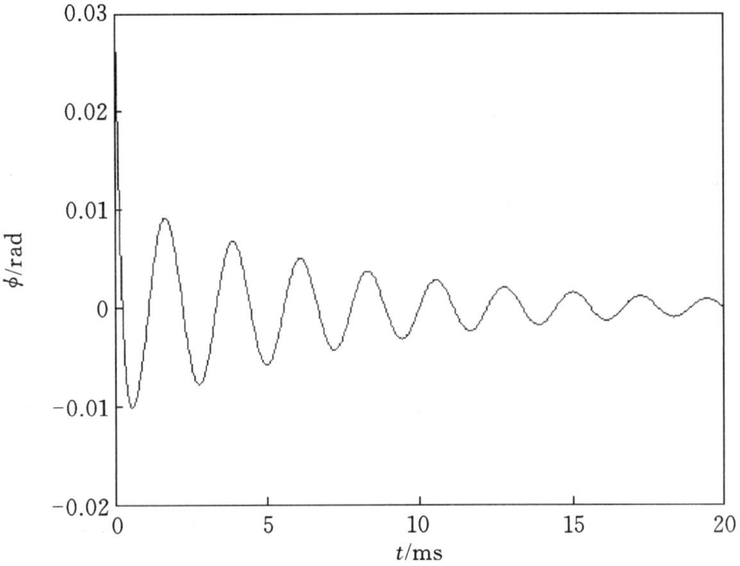

(a)

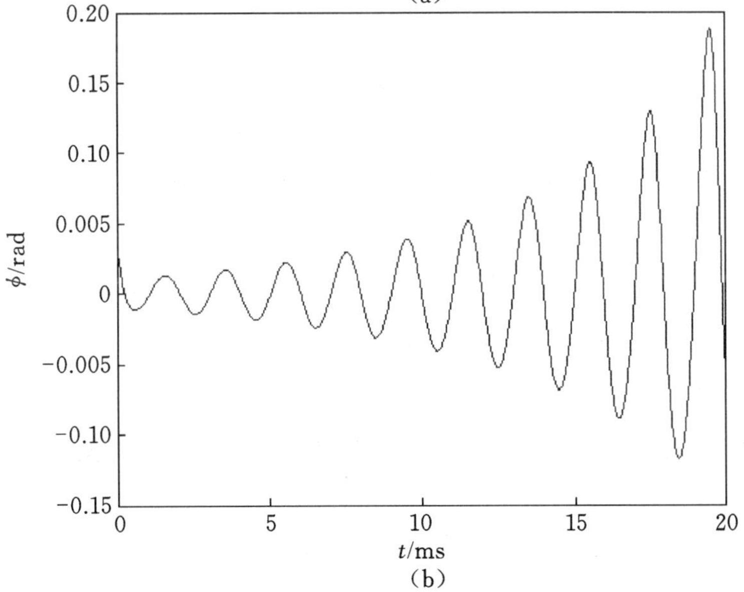

(b)

图 5-7 车辆非线性控制后车身侧倾角时域响应

(a)$u=40$，$\delta''_f=0.5340$；(b)$u=40$，$\delta''_f=0.6340$

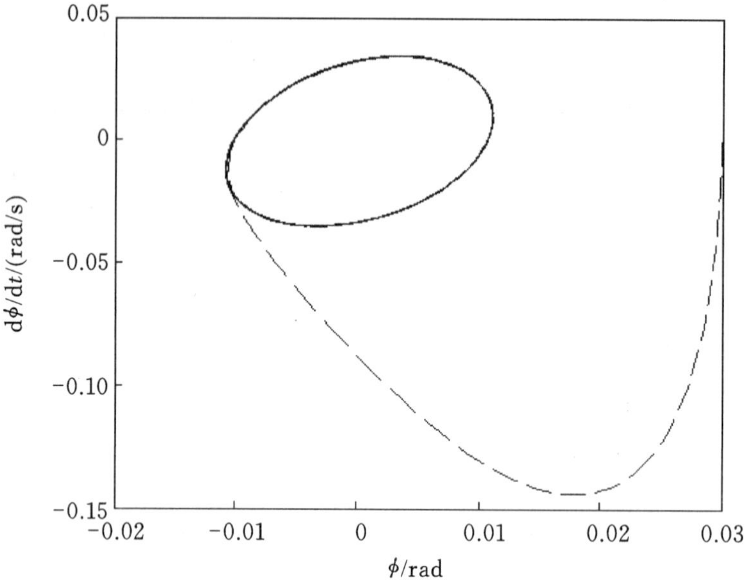

图 5-8 车辆非线性控制后车身侧倾角与侧倾角速度的相图

参考文献

[1] 杜峰,魏朗,赵建有. 基于状态反馈的四轮转向汽车最优控制[J]. 长安大学学报:自然科学版,2008,28(4):91-94.

[2] CHEN N, CHEN N, CHEN Y D. On fractional control method for four-wheel-steering vehicle[J]. 中国科学:技术科学, 2010, 40(03) :47-53.

[3] Dave Crolla,喻凡. 车辆动力学及其控制[M]. 北京:人民交通出版社,2004.

[4] 刘春辉,张伯俊,孔超等. 四轮转向汽车的分岔与失稳分析[J]. 机械科学与技术,2011, 30(8):1326-1330.

[5] 贺丽娟,李庆军. 汽车整车稳定性的 Hopf 分岔特性数值分析[J]. 农业装备与车辆工程, 2010(04):3-7.

[6] 杨建秀,王增才. 高维汽车侧向动力学系统的分岔与失稳分析[J]. 农业机械学报,2008,39(12):45-50.

[7] 魏道高,李莉莉,许可. 考虑车身侧倾的 4WS 汽车横向稳定性与 Hopf 分岔特性[J]. 农业机械学报,2015,46(10):343-349.

[8] 宋作军. 基于中心流形理论的四轮转向汽车 Hopf 分岔分析[J]. 振动与冲击,2016,35(13):219-223.

[9] 张继业,杨翊仁,曾京. Hopf分岔的代数判据及其在车辆力学中的应用[J]. 力学学报,2000,32(5):596-605.

[10] 陆启韶,彭临平,杨卓琴. 常微分方程与动力系统[M]. 北京:北京航空航天大学出版社,2010.

6 汽车人体座椅系统的非线性动力学研究

汽车工业经过一百多年的发展，汽车的动力来源、内部结构及生产制造工艺等都发生了巨大的变化，汽车的动力性、经济性和安全性更好。对于乘坐舒适性要求较高的汽车、农用机械和工程机械等，在研究整车减振性能的同时，也加强了多功能座椅的开发。

6.1 汽车座椅的舒适性

汽车座椅是汽车的重要总成，其动态参数对整车的平顺性具有重要的影响，直接影响到整车的安全性和舒适性。

汽车座椅的安全性是指汽车座椅能有效防止汽车事故的发生，并在事故发生时最大限度地减轻对驾驶员及其他乘员造成伤害的能力。

汽车的舒适性很大程度上体现在座椅的舒适性，以及整个内饰在空间、颜色、光线、隔音、协调性等方面的要求。汽车座椅的舒适性包括静态舒适性和动态舒适性两个方面。

6.1.1 静态舒适性

静态舒适性指座椅的静态几何尺寸、表面形状、面料适合于人体舒适坐姿，满足的人体生理、心理的需求。舒适座椅静态舒适性包括舒适的乘坐姿势、合理的体压分布，要求驾驶员或乘客脊柱保持正常的生理弯曲不受载变形，腿部血液循环和神经不受压迫，座椅体压分布按照臀部的不同部位在产生不适感之前所能承受压力大小的合理分布，靠背和腰垫保持人体脊柱自然的生理弯曲，为人体提供凭靠点。汽车在转弯、倾斜、侧滑时，在乘员和驾驶员座位上产生横向滑动，因此座椅必须有阻止乘员或驾驶员横向滑动的功能，具有良好的横向稳定性。另外还要根据驾驶室的微气候环境，调整座椅表面的温、湿度特性，可以适当地调节人体的新陈代谢，以达到减轻疲劳的目的。为提高座椅材料的呼吸能力，增加材料的透气性，高档轿车中通常采用主动通风式座椅，消除驾驶员在座椅表面和背部表面所产生的热量，以减轻驾驶疲劳。

对于驾驶员来说，座椅还包括驾驶空间的大小。驾驶员的驾驶空间包括考虑驾驶员的物理操作空间和心理空间，心理空间具有促进驾驶员积极愉快的心理反应，减缓心理疲劳的产生等作用。

6.1.2 动态舒适性

动态舒适性是指汽车座椅衰减传给人体的振动与冲击的能力，与汽车振动系统有关。机械振动分为全身振动和局部振动，两者对身体的影响是不同的，车辆驾驶员所承受的振动属于随机激励全身振动。振动对人体的影响与个体的反应特性有关，不同国家、不同民族、不同性别的人对同一振动的承受能力是不同的。同一人在不同身体健康状况条件下，对同一振动的承受能力也有差异。

全身振动时人体各部位振动的固有频率是不同的，当人体受到的振动频率与某器官的固有频率相吻合时，该人体器官将会发生共振。试验表明，人体上下振动的共振频率接近 4～8Hz，而前后振动的共振频率接近 1～2Hz。除了上下振动外，试验发现人体对左右振动尤其敏感，然后是前后振动。如果振动较强、持续时间较长可能导致某些器官损伤，长期处于振动状态的驾驶员受振动的危害尤其严重。调查表明驾驶员患胃下垂、腰椎疾病和脊柱变形的几率较常人高出许多。振动还会引起驾驶员复合性疲劳，主要表现为全身乏力、意志减弱、注意力分散、反应迟钝、信息处理缓慢、信息输出混乱、动作欠准确等，严重时甚至会造成交通事故发生。

6.2 人体座椅—车身—车轮系统的模型

在乘用车所有座椅中，驾驶位置座椅非常重要。根据余志生主编的《汽车理论》，驾驶位置的人体座椅—车身—车轮模型如图 6-1 所示。将人体与座椅简化为一刚体，人体座椅、车身、车轮通过弹性和阻尼元件连接。参照文献[3]确定各参数名称、数值及单位，如表 6-1 所示。

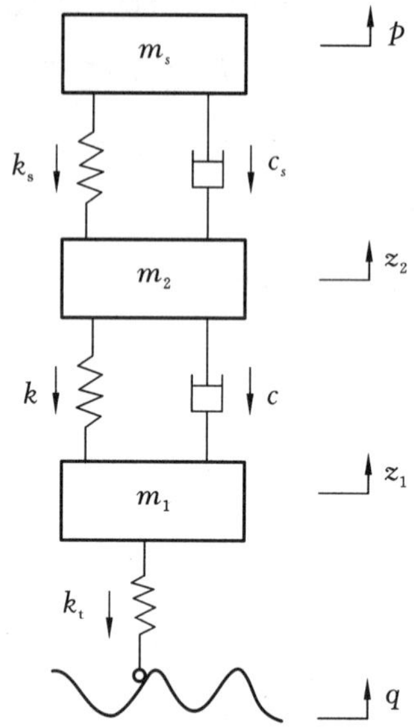

图 6-1　人体座椅—车身—车轮三自由度模型

表 6-1　某汽车人体座椅—车身—车轮参数

参数含义及符号	参数值	单位
人体座椅质量 m_s	90	kg
1/2 前车身质量 m_2	450	kg
前轮质量 m_1	39	kg
左前座刚度 k_s	8100	$\mathrm{Nm^{-1}}$
左前座阻尼 c_s	970	$\mathrm{Nsm^{-1}}$
左前悬架刚度 k	17000	$\mathrm{Nm^{-1}}$
左前悬架阻尼 c	1620	$\mathrm{Nsm^{-1}}$
左前轮刚度 k_t	203000	$\mathrm{Nm^{-1}}$

根据图 6-1，人体座椅—车身—车轮系统的运动方程为：

$$\left.\begin{aligned}&m_s\ddot{p}+k_s(p-z_2)+c_s(\dot{p}-\dot{z}_2)=0\\&m_2\ddot{z}_2+k(z_2-z_1)+c(\dot{z}_2-\dot{z}_1)=k_s(p-z_2)+c_s(\dot{p}-\dot{z}_2)\\&m_1\ddot{z}_1+k_t(z_1-q)=k(z_2-z_1)+c(\dot{z}_2-\dot{z}_1)\end{aligned}\right\}\tag{6-1}$$

6.3 人体座椅—车身—车轮系统的动力学分析

在人体座椅—车身—车轮系统中，人体座椅质量、车轮质量相对车身质量要小很多，可以忽略人体座椅质量的惯性力 $m_s\ddot{p}$ 对车身运动的影响。车身垂直振动成为人体座椅子系统的输入。为此，首先分别分析单质量系统、双质量系统的振动情况，最后汇总分析整体系统的振动情况。

6.3.1 车身振动的单质量系统的自由振动

车身垂直位移坐标 z 的原点取在静力平衡位置，根据牛顿第二定律，系统运动的微分方程为：

$$m_2\ddot{z}_2+k(z_2-q)+c(\dot{z}_2-\dot{q})=0 \tag{6-2}$$

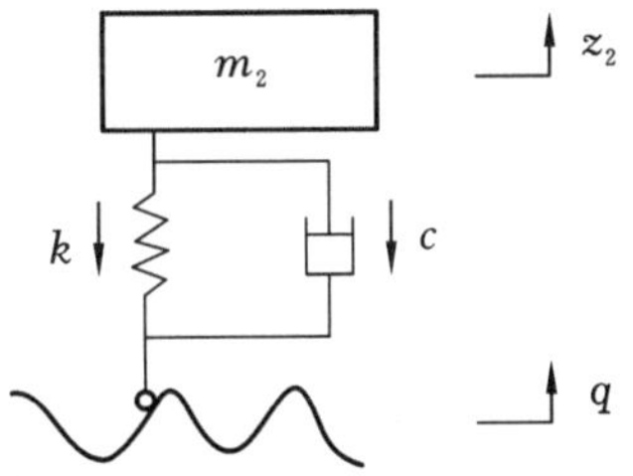

图 6-2 车身单质量模型

此方程的解由齐次方程的解与非齐次方程的特解之和组成。

设：$2n=\dfrac{c}{m_2}$，$\omega_0^2=\dfrac{k}{m_2}$，则齐次方程为：

$$\ddot{z}_2+2n\dot{z}_2+\omega_0^2=0 \tag{6-3}$$

式中 ω_0 称为系统的固有频率，n 与 ω_0 的比值称为阻尼比，用符号 ξ 表示，即：

$$\xi=\frac{n}{\omega_0}=\frac{c}{2\sqrt{km_2}} \tag{6-4}$$

汽车悬架系统阻尼比的数值通常在 0.25 左右，此时微分方程的解为：

$$z_2=A\mathrm{e}^{-nt}\sin(\sqrt{\omega_0^2-n^2t}+\alpha) \tag{6-5}$$

此式说明，有阻尼自由振动时，质量 m_2 以有阻尼固有频率 $\omega_r=\sqrt{\omega_0^2-n^2}$ 振动，振幅按照 e^{-nt} 衰减。

下面分析系统的频率响应特性。对系统进行傅里叶变换，由输出、输入谐量 z_2 和 q 的比值，或 $z_2(t)y$ 与 $q(t)$ 的傅里叶变换 $Z_2(\omega)$ 与 $Q(\omega)$ 的比值，可以求出系统的频率响应函数，记为 $H\ (\mathrm{j}\omega)_{z_2-q}$

$$H\ (\mathrm{j}\omega)_{z_2-q}=\frac{z_2}{q}=\frac{Z_2(\omega)}{Q(\omega)} \tag{6-6}$$

式中，$z_2=z_{20}\mathrm{e}^{\mathrm{j}\varphi_2}$；$q=q_0\mathrm{e}^{\mathrm{j}\varphi_1}$

考虑 φ 与 ω 的函数关系，将 $z_2=z_{20}\mathrm{e}^{\mathrm{j}\varphi_2}$；$q=q_0\mathrm{e}^{\mathrm{j}\varphi_1}$ 求导，并代入式(6-2)得复数方程：

$$z(-m_2\omega^2+\mathrm{j}c\omega+k)=q(k+\mathrm{j}c\omega) \tag{6-7}$$

由此得频响函数：

$$H(\mathrm{j}\omega)_{z_2-q}=\frac{k+\mathrm{j}c\omega}{(-m_2\omega^2+k)+\mathrm{j}c\omega} \tag{6-8}$$

设频率比为：$\lambda=\omega/\omega_0$，将其余阻尼比代入上式得：

$$H(\mathrm{j}\omega)_{z_2-q}=\frac{1+2\mathrm{j}\xi\lambda}{1-\lambda^2+2\mathrm{j}\xi\lambda} \tag{6-9}$$

此式的模为系统的幅频特性：

$$|H(\mathrm{j}\omega)|_{z_2-q}=\left[\frac{1+(2\xi\lambda)^2}{(1-\lambda^2)^2+(2\xi\lambda)^2}\right]^{\frac{1}{2}} \tag{6-10}$$

6.3.2 车身与车轮双质量系统的振型分析

对于双轴汽车，当悬挂质量分配系数接近 1 时，前后悬挂系统的垂直振动接近独立，可以简化为如图 6-3 所示的车身—车轮二自由度模型。

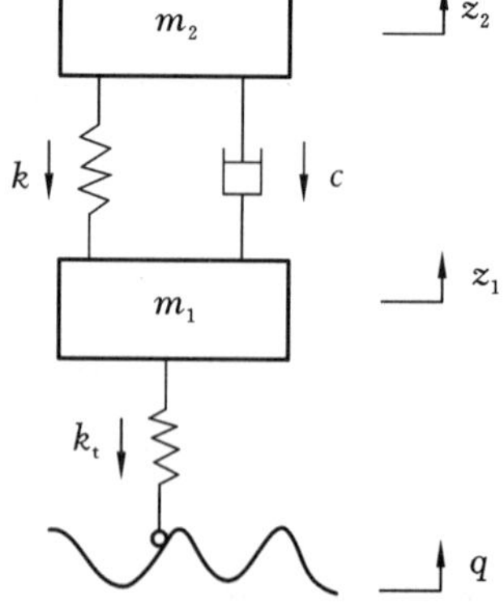

图 6-3 车身—车轮二自由度模型

车身—车轮二自由度运动的微分方程为：

$$\left.\begin{aligned} m_2\ddot{z}_2+k(z_2-z_1)+c(\dot{z}_2-\dot{z}_1)=0 \\ m_1\ddot{z}_1+k_t(z_1-q)=k(z_2-z_1)+c(\dot{z}_2-\dot{z}_1) \end{aligned}\right\} \tag{6-11}$$

无阻尼自由振动时，运动方程变为：

$$\left.\begin{aligned} m_2\ddot{z}_2+k(z_2-z_1)=0 \\ m_1\ddot{z}_1+k_t(z_1-q)=k(z_2-z_1) \end{aligned}\right\} \tag{6-12}$$

由运动方程可以看出，m_1 与 m_2 的振动是相互耦合的。若 m_1 不动($z_1=0$)，则：

$$m_2\ddot{z}_2+kz_2=0 \tag{6-13}$$

相当于只有车身的单自由体无阻尼自由振动，其固有频率为：

$$\omega_0=\sqrt{k/m_2}$$

同样，若 m_2 不动($z_2=0$)，相当于车轮质量 m_1 作单自由度无阻尼振动，则：

$$m_1\ddot{z}_1+(k+k_t)z_1=0 \tag{6-14}$$

车轮部分固有圆频率为：

$$\omega_t=\sqrt{(k+k_t)/m_1} \tag{6-15}$$

ω_0 与 ω_t 是双质量系统，只有一个质量振动时的频率(偏频)。

在无阻尼自由振动时，设两个质量以相同的圆频率 ω 和初相角 φ 作简谐振动，振幅分别为 z_{10}、z_{20}，则其解为：

$$z_1=z_{10}\mathrm{e}^{\mathrm{j}(\omega t+\varphi)}, \quad z_2=z_{20}\mathrm{e}^{\mathrm{j}(\omega t+\varphi)} \tag{6-16}$$

将上述两个解代入式(6-12)得：

$$-z_{20}\omega^2+\frac{k}{m_2}z_{20}-\frac{k}{m_2}z_{10}=0 \tag{6-17}$$

$$-z_{10}\omega^2-\frac{k}{m_1}z_{20}+\frac{k+k_1}{m_1}z_{10}=0 \tag{6-18}$$

将 $\omega_0^2=k/m_2$、$\omega_t^2=(k+k_t)/m_1$ 代入式(6-17)、(6-18)得：

$$\left.\begin{aligned} (\omega_0^2-\omega^2)z_{20}-\omega_0^2z_{10}=0 \\ -\frac{k}{m_1}z_{20}+(\omega_t^2-\omega^2)z_{10}=0 \end{aligned}\right\} \tag{6-19}$$

此方程组有非零解的条件是系数行列式为零，即：

$$\begin{vmatrix} (\omega_0^2-\omega^2) & -\omega_0^2 \\ -\dfrac{k}{m_1} & (\omega_t^2-\omega^2) \end{vmatrix}=0 \tag{6-20}$$

或：

$$\omega^4-(\omega_t^2-\omega_0^2)\omega^2+\omega_0^2\omega_t^2-\omega_0^2\frac{k}{m_1}=0 \tag{6-21}$$

式(6-21)称为系统的频率方程或特征方程，它的两个根为双质量系统主频率 ω_1 和 ω_2 的平方：

$$\omega_{1、2}^2=\frac{1}{2}(\omega_t^2-\omega_0^2)\mp\sqrt{\frac{1}{4}(\omega_t^2-\omega_0^2)^2-\frac{kk_t}{m_1m_2}} \tag{6-22}$$

将表 6-1 各参数代入 $\omega_0^2=k/m_2$、$\omega_t^2=(k+k_t)/m_1$，以及式(6-22)得：

$$\omega_0=6.6886,\quad \omega_t=75.1068$$

$$\omega_1=6.4230,\quad \omega_2=75.1299$$

由此可见，低的主频率 ω_1 与 ω_0 接近，高的主频率 ω_2 与 ω_t 接近。

根据式(6-19)，可以确定一阶和二阶主振型分别为：

$$\left(\frac{z_{10}}{z_{20}}\right)_1=\frac{\omega_0^2-\omega_1^2}{\omega_0^2}=0.0778$$

$$\left(\frac{z_{10}}{z_{20}}\right)_1=\frac{\omega_0^2-\omega_2^2}{\omega_0^2}=-125.1714$$

在强迫振动情况下，激振频率 ω 接近 ω_1 时产生低频共振，按一阶主振型振动，车身质量 m_2 的振幅比车轮质量 m_1 的振幅大 10 多倍，主要是车身质量 m_2 的振动，称为车身型振动。当激振频率 ω 接近 ω_2 时产生高频共振，按二阶主振型振动，此时车轮质量 m_1 的振幅比车身质量 m_2 的振幅大 100 多倍，主要是车轮质量 m_1 的振动，称为车轮型振动。此时，由于车身基本不动，可将两个自由度系统简化为如图 6-4 所示车轮部分的单自由度系统，分析车轮部分在高频共振区的振动。

此时，质量 m_1 的运动方程为：

$$m_1\ddot{z}_1+(k+k_t)z_1+c\dot{z}_1=k_tq \tag{6-23}$$

将各复振幅代入上式得：

$$-\omega^2m_1z_1+(k+k_t)z_1+\mathrm{j}\omega cz_1=k_tq \tag{6-24}$$

车轮部分的固有频率、阻尼比分别为：

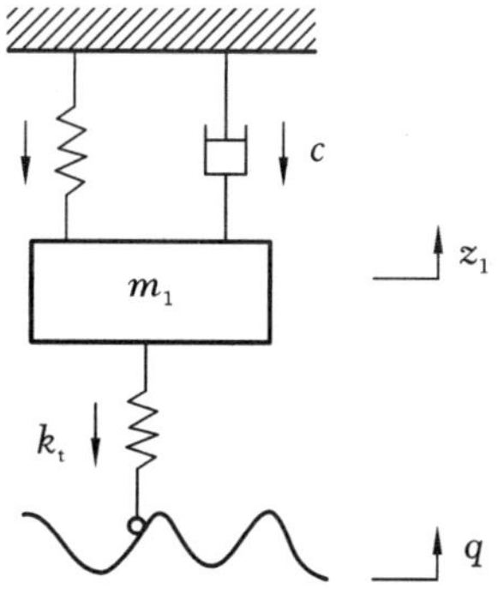

图 6-4　车身固定时车轮部分单质量系统模型

$$\left.\begin{aligned}\omega_t&=\sqrt{(k+k_t)/m_1}\\ \xi_t&=\frac{c}{2\sqrt{(k+k_t)/m_1}}\end{aligned}\right. \tag{6-25}$$

将式(6-25)代入式(6-24)得：

$$|z_1/q|=\frac{k_t/(k+k_t)}{1-(\omega/\omega_t)^2+\mathrm{j}2\xi_t\omega/\omega_t} \tag{6-26}$$

其幅频特性为：

$$|z_1/q|=\frac{k_t/(k+k_t)}{\sqrt{[1-(\omega/\omega_t)^2]^2+(\mathrm{j}2\xi_t\omega/\omega_t)^2}} \tag{6-27}$$

在高频共振 $\omega=\omega_t$ 时，车轮角速度均方根谱正比于幅频特性：

$$|\ddot{z}_1/\dot{q}|=\omega_t\frac{k_t/(k+k_t)}{2\xi_t} \tag{6-28}$$

6.3.3　车身与车轮双质量系统的传递特性

将相关复振幅代入式(6-12)得：

$$z_2(-\omega^2m_2+\mathrm{j}\omega c+k)=z_1(\mathrm{j}\omega c+k) \tag{6-29}$$

$$z_1(\omega^2m_1+\mathrm{j}\omega c+k+k_t)=z_2(\mathrm{j}\omega c+k)+qk_t \tag{6-30}$$

令：

$$\left.\begin{aligned}A_1&=\mathrm{j}\omega c+k\\ A_2&=-\omega^2m_2+\mathrm{j}\omega c+k\\ A_3&=\omega^2m_1+\mathrm{j}\omega c+k+k_t\end{aligned}\right\} \tag{6-31}$$

由式(6-29)得：

$$\frac{z_2}{z_1}=\frac{k+\mathrm{j}c\omega}{(-m_2\omega^2+k)+\mathrm{j}c\omega}=\frac{A_1}{A_2} \tag{6-32}$$

幅频特性$|z_2/z_1|$与式(6-8)完全一样。

将式(6-32)代入式(6-30)得：

$$\frac{z_1}{q}=\frac{A_2k_t}{A_2A_3-A_1^2}=\frac{A_2k_t}{N} \tag{6-33}$$

式中，$N=A_2A_3-A_1^2$。

将式(6-33)分子、分母分别进行复数运算，然后求模，得幅频特性：

$$\left|\frac{z_1}{q}\right|=\gamma\left[\frac{(1-\lambda^2)^2+(2\xi\lambda)^2}{\Delta}\right]^{\frac{1}{2}} \tag{6-34}$$

式中：

$$\Delta=\left[(1-(\omega/\omega_0)^2)(1+\gamma-\frac{1}{\mu})(\omega/\omega_0)^2-1\right]^2+4\xi^2(\omega/\omega_0)^2\left[\gamma-(\frac{1}{\mu}+1)(\omega/\omega_0)^2\right]^2 \tag{6-35}$$

其中，$\gamma=k_t/k$ 为刚度比；$\mu=m_2/m_1$ 为质量比。

由式(6-32)和式(6-33)得：

$$\frac{z_2}{q}=\frac{z_2}{z_1}\frac{z_1}{q}=\frac{A_1k_t}{A_2} \tag{6-36}$$

$$\begin{aligned}|z_2/q|&=|z_2/z_1||z_1/q|\\&=\gamma\left[\frac{1+4\xi^2\lambda^2}{(1-\lambda^2)^2+4\xi^2\lambda^2}\right]^{\frac{1}{2}}\times\left[\frac{(1-\lambda^2)^2+(2\xi\lambda)^2}{\Delta}\right]^{\frac{1}{2}}\\&=\gamma\left[\frac{1+4\xi^2\lambda^2}{\Delta}\right]^{\frac{1}{2}}\end{aligned} \tag{6-37}$$

车身加速度的幅频特性：

$$\left|\frac{\ddot{z}_2}{\dot{q}}\right|=\omega\left|\frac{z_2}{q}\right|$$

将式(6-37)代入上式得：

$$\left|\frac{\ddot{z}_2}{\dot{q}}\right|=\omega\gamma\left[\frac{1+4\xi^2\lambda^2}{\Delta}\right]^{\frac{1}{2}} \tag{6-38}$$

传至人体座椅的加速度 $\ddot{p}$ 对路面输入 $\dot{q}$ 的幅频特性$|\ddot{p}/\dot{q}|$，等于人体座椅子系统的幅频特性$|p/z_2|$与“车身—车轮”双质量系统幅频特性$|\ddot{z}_2/\dot{q}|$的乘积，即：

$$|\ddot{p}/\dot{q}|=|p/z_2||\ddot{z}_2/\dot{q}| \tag{6-39}$$

人体座椅单自由度系统的幅频特性 $|p/z_2|$ 与式(6-10)相同，表达式为：

$$|p/z_2|=\left[\frac{1+4\xi_s^2\lambda_s^2}{(1-\lambda_s^2)^2+4\xi_s^2\lambda_s^2}\right]^{\frac{1}{2}} \tag{6-40}$$

式中，γ_s 为频率比，$\gamma_s=\omega/\omega_s$；ω_s 为人体座椅系统的固有频率，$\omega_s=\sqrt{k_s/m_s}$；ξ_s 为人体座椅系统的阻尼比，$\xi_s=\dfrac{c_s}{2\sqrt{k_s m_s}}$。

由式(6-38)、式(6-40)得人体座椅的加速度 $\ddot{p}$ 对路面输入 $\dot{q}$ 的幅频特性为：

$$|\ddot{p}/\dot{q}|=\left[\frac{1+4\xi_s^2\lambda_s^2}{(1-\lambda_s^2)^2+4\xi_s^2\lambda_s^2}\right]^{\frac{1}{2}}\times\omega\gamma\left[\frac{1+4\xi^2\lambda^2}{\Delta}\right]^{\frac{1}{2}} \tag{6-41}$$

参考文献

[1] 赵德敏. 车辆座椅动态舒适性及窄带随机动力系统研究[D] .天津：天津大学，2007.

[2] 余志生. 汽车理论[M]. 北京：机械工业出版社，2014.

[3] 张功学，叶东. 十一自由度汽车动力学模型及舒适度仿真[J].机械设计与制造，2017，1(1)：43-46.

[4] 张继业，杨翊仁，曾京. Hopf 分岔的代数判据及其在车辆力学中的应用[J]. 力学学报，2000，32(5)： 596-605.

[5] 徐立新.浅谈汽车座椅在车身上的布置[J].客车技术，2001，(2)：21-23.

[6] 王萌，史玉生.汽车座椅的安全性设计[J].十堰职业技术学院学报，2003，16(2)：48-50.

[7] 王刚，张金换，黄世霖等.澳大利亚客车座椅动态试验与分析[J].公路交通科技，2003，20(1)：151-154.